AphorismA

Tom Damm

Mit Gottes Augen angelacht

150 Poetische Gebete aus der Welt der Psalmen
für den persönlichen und liturgischen Gebrauch

2020

Tom Damm ist ev. Pfarrer für Stadtkirchenarbeit in Schwerte,
von ihm erschien bei AphorismA 2018 als ‚ewiger Kalender‘:
Bleiben, um sich zu verändern. Photogedichte zur Wochenwende.

Umschlagmotiv nach einem Photo des Autors.

*

*Ich danke für die wertvollen Tipps und Korrekturen meinem
Kollegen Andreas Isenburg und meiner Familie sowie
Liselotte Thomessen und Wilfried Groll. (TD)*

Kontakt: info@aphorisma.eu

© AphorismA
Verlag | Antiquariat | Agentur
Mit angeschlossener Versandbuchhandlung
Gemeinnützige GmbH

Tom Damm
Mit Gottes Augen angelacht
*150 Poetische Gebete aus der Welt der Psalmen
für den persönlichen und liturgischen Gebrauch*
AphorismA Verlag – Berlin 2020
ISBN 978-3-86575-092-1

Vorwort

Ostern 2020. Wir sind mitten in der Corona-Krise. Wir alle machen ganz neue Erfahrungen mit sozialer Distanz und anderen Engpässen und darin auch und gerade mit uns selbst. Je mehr uns die Möglichkeiten der Gemeinschaft, des Gespräches mit Freunden, des Feierns genommen werden, desto mehr sind wir auf uns selbst geworfen. Es sind Erfahrungen mit der Einsamkeit. Mit unseren Schmerzgrenzen. Und mit dem, was uns wesentlich ist.

Mir schenkt die Krise Zeit. Zeit zu denken, Zeit zu dichten. Manches verdichtet sich für mich in diesen Tagen, zum Beispiel meine Beziehung zu Gott. Meine inneren Dialoge, meine Gespräche mit ihm werden intensiver. Ich kann die Muße, die Ruhe, die Stille genießen; das Zusammensein mit dem, der mir Körper und Seele am Leben hält, der mich fordert und inspiriert. Ich höre das leise Schöpfungslied in diesen Tagen lauter. Und ich lese in den Psalmen. Jeden Tag.

Ich rechne nach. Vor 330 Tagen habe ich begonnen. Vor 11 Monaten habe ich den ersten Psalm nachgedichtet. Die Idee, das ganze Psalmenbuch zu nehmen und im Nachgang 150 eigene Gedichte im Fahrwasser dieser alten Lieder zu schreiben, war ungeheuerlich und gewagt. Und nun bin ich schon in die Zielgerade eingebogen. Wenn ich demnächst fertig bin, ist ein Jahr vergangen. Ein Jahr, das ich in dieser Hinsicht sehr genossen habe. Ein Jahr, das mich sehr bereichert hat. Ja, mir hat sich ein Reichtum von Gotteserfahrungen und -erkenntnissen erschlossen, der die Corona-Krise wie ein

Augenzwinkern des Schicksals erscheinen lässt. Gelassen nehme ich, was kommt. Vor allem bin ich dankbar für die Zeit mit Gott. Inzwischen ist es Advent geworden. Das Projekt dieser Nachdichtungen ist bis zum Ende gewagt geblieben, vielleicht auch ungeheuerlich. Die Schuhe wären viel zu groß, wenn ich den Anspruch hätte, im Nachgehen der biblischen Hymnen und Gebete etwas Gleichwertiges zu schaffen. Das ist unmöglich und war nie mein Ansinnen. Aber von dieser phantastischen Literatur einen kleinen Lichtschein mit hinüber zu nehmen in meine Zeit, das schien mir doch möglich. Etwas davon in heutiger Sprache aufleuchten zu lassen, warum nicht? Es hilft mir und – das höre und lese ich – auch anderen; hilft uns, in die Gedanken- und Gefühlswelt der Psalmen hineinzuspähen, so wie wir als Kinder durch den Türspalt ins festliche Weihnachtszimmer sehen konnten, bevor wir hineindurften.

Ich danke für die wertvollen Tipps und Korrekturen meinem Kollegen Andreas Isenburg und meiner Familie sowie Liselotte Thomessen und Wilfried Groll; nicht zuletzt auch Rainer Zimmer-Winkel und seinem AphorimA-Verlag in Berlin, der sich mit viel Liebe und Sachkenntnis des Projektes angenommen hat.

Schwerte, im Advent 2020
Tom Damm

Einführung

Verse, die um die Erde gehen.
Bilder, die Welten öffnen.
Gedanken, die sich in Kopf und Herz geben.
Worte, mit denen es sich leben lässt.
Spuren Gottes, denen Menschen nachgehen.
Menschliche Wege, die Gott mitgeht.
Anregungen, sich auf den Glauben an Gott einzulassen.
Impulse, die eigene Gefühlswelt zu vertiefen.
Mutmacher, das Helle *und* das Dunkle wahrzunehmen.
Und es hinaus zu sagen. Zu brüllen, wenn es sein muss.
Lieder, die zu Herzen gehen.
Jubel, der alles Verhaltene durchbricht.

Das alles und noch so viel mehr sind die Psalmen, die in der Hebräischen Bibel, dem Ersten Testament, gesammelt sind; 150 Psalmen in einem Lieder- und Gebetbuch. Sie finden einen deutlich hörbaren Nachhall im Neuen Testament, denn sie sind das Gebetbuch Jesu. Und wir finden dort viele weitere Lieder und Verse, also neue Psalmen. Das Erste und das Neue Testament sind untrennbar miteinander verbunden. Wenn Jesus sagt: *Ich bin der gute Hirte,*[1] hörten damals alle Christusgläubigen unweigerlich diese Verse aus der Hebräischen Bibel mit:

---

[1]   Joh 10,11

Gott ist mein Hirte,
mir wird nichts mangeln.
Er weidet mich auf einer grünen Aue
und führet mich zum frischen Wasser.

Wenn ich in einem Gottesdienst diese Worte mit der feiernden Gemeinde spreche, gibt es im Raum eine große Verbundenheit. Sie sind Teil des *christlichen Genpools* wie das Vater Unser. Es sind die Verse der Mütter und Väter im Glauben, vielleicht sogar der eigenen Mütter und Väter. Sie stellen eine Verbindung her und schaffen damit eine Gemeinschaft. Wir spüren die gemeinsame Verbundenheit als Glaubende. Wir spüren einen Link zu Gott, der bei uns ist als das Licht in unserer Mitte. Wo vielleicht unsere eigenen Worte versagen, können eingeübte Verse noch Trost vermitteln; selbst solche, die nach langer Zeit erstmals wieder gestammelt werden.

Für mich hat eine große Entdeckungsreise begonnen, als ich mich in meinen eigenen dichterischen Versuchen, die Welt und mich selber besser zu verstehen, den Psalmen genähert und geöffnet habe. Zunächst habe ich viele Jahre für mich selbst gedichtet. Meine Tagebücher enthalten eigentlich nur Verse. Dann habe ich die letzten acht Jahre lang wöchentlich ein Gedicht an Freundinnen und Freunde sowie interessierte Menschen gesandt. Und wir haben diese Gedanken geteilt, denn immer wieder bekam ich Antworten von meinen Leserinnen und Lesern. Und dann habe ich begonnen, die Psalmen neu für mich zu entdecken. Was für einen Reichtum sie mir geben! Neuen Mut, emotionale Horizonte zu überschreiten, ins Helle und ins Dunkle. Mehr fröhlichen Jubel finden wir nirgends. Mehr Verzweiflung, Leiden und Einsamkeit auch nicht. Solch eine Tiefe des Glaubens- und Gefühlslebens! Dagegen entpuppt sich vieles als flach und seicht, was ich an Gebetsliteratur heute so finde. Auch meine Gedichte mag ich hier nicht ausschließen.

Als Theologe nähere ich mich den Psalmen auch noch auf eine andere Weise. Denn sie sind ein literarisches Weltkulturerbe. Die Psalmen können in ihrer Bedeutung für die Welt seit 3000 Jahren nicht überschätzt werden. Als man 1947 in Qumran am Toten Meer den größten biblischen Schriftenfund überhaupt machte, ein großes Wunder und ein Geschenk für die Fachwelt, fanden sich in der Menge der Schriftrollen allein 31 Psalmensammlungen. Kein anderes biblisches oder religiöses Buch war annähernd so häufig in dem entdeckten Fundus vertreten.[2]

Bitte erlauben Sie mir einige historische Bemerkungen zum Psalter. Sie können herausstellen, wie altehrwürdig und hoch zu schätzen die Psalmen-Traditionen sind. Wer sich dafür nicht interessiert und gleich zu den Gedichten weiter gehen will, überspringe diese Seiten gern.

Die Psalmenforschung steht vor vielen Rätseln. So konnte beispielsweise bis heute nicht entschlüsselt werden, was das kleine Wort *sela*[3] bedeutet, das sich in vielen Psalmen findet. Es mag die Aufforderung zu einem musikalischen Zwischenspiel gewesen sein oder auch nicht. Zudem liegt vieles im Dunkeln, was mit der

---

2   Vgl. Seybold, 15f
3   Vgl. Bonhoeffer, 113

Entstehung der Psalmen zu tun hat. Manches kann man allerdings festhalten. König David, der um 1000 vor Christus gelebt hat, wird als Dichter und Komponist von 73 Psalmen genannt. Da man früher ein anderes Verständnis von Autorenschaft hatte, darf das nicht unbedingt wörtlich genommen werden. In jedem Fall bleibt der Dichterkönig David mit der Welt der Psalmen verbunden. Er hatte noch vor der Jahrtausendwende die alte Jebusiterstadt Jerusalem erobert und zu seinem Eigentum gemacht.[4] Sein Sohn Salomo hat dann kurz nach Davids Tod den ersten israelitischen Tempel in Jerusalem gebaut. Die Psalmen hatten schon damals als Lieder im Tempel-Gottesdienst ihren festen Ort; vielleicht nicht nur als Lieder. Denn manche Psalmen sind Gebete, andere Gedichte. Aus dieser frühen Zeit mag sich noch manches finden, was in späteren Psalmen wieder aufgenommen und weiterverarbeitet wurde. Aber vollständige Psalmen? Die Psalmenforschung ist sehr vorsichtig mit Festlegungen, was diese frühe Zeit betrifft. Aber Gedanken, Formulierungen, einzelne Verse mögen gut und gern 3000 Jahre alt sein.

Deutlich mehr findet sich aus der Zeit des Zweiten Tempels im Psalter, manches auch aus der vorausgehenden Zeit des Babylonischen Exils, nach dessen Beendigung durch das Kyrosedikt[5] nicht nur die zerstörte Stadt Jerusalem wiederaufgebaut wurde, sondern auch der Tempel. Wir sprechen hier vom sechsten Jahrhundert vor unserer Zeitrechnung. Die Zeit des Zweiten Tempels reichte von seiner Einweihung 515 vor Christus bis zu seiner Zerstörung durch die Römer im Jahr 70 nach Christus.

---

4   Vgl. Donner, Band 1, 196f

5   Das Kyrosedikt fällt in das Jahr 538 v. Chr. Vgl. Donner, Band 2, 406f

In dieser Zeit sind verschiedene Lieder-, Gebets- und Gedichtsammlungen zusammengewachsen wie Ringe an einem Baum. Seit etwa 100 vor Christus spricht man vom Buch der Psalmen als Teil der heiligen Schriften des Judentums.[6] In früher christlicher Zeit sind die Psalmen eins zu eins als heilige Schriften übernommen worden. Die ersten Christinnen und Christen waren bekanntlich Jüdinnen und Juden. Wir haben es hier also mit einer organischen Entwicklung zu tun. Von Jesus wissen wir, dass er stets Psalmen auf den Lippen hatte, mit ihnen gelebt hat und mit ihnen gestorben ist. Seine Sterbeworte entstammen dem 22. Psalm. Mit seinen Jüngerinnen und Jüngern hatte er noch kurz vor seiner Verhaftung und nach dem letzten gemeinsamen Mahl das *Große Hallel* gesungen, das sind die Psalmen 114 bis 118.[7] So überliefern es die Evangelisten Markus und Matthäus.[8]

Sie mögen sich fragen, woher die Namen *Psalm* und *Psalter* stammen. Der griechische Begriff *psalmos* nimmt das Verb *psalmein* auf, und das heißt: *Saiten zupfen, spielen.* Warum ein griechisches Wort für eine hebräische Textsammlung, mag man fragen? In der damaligen Welt, auch im vorderen Orient, war die Hochkultur griechisch-hellenistisch geprägt. Alexander der Große im vierten vorchristlichen Jahrhundert und seine Nachfolger hatten dafür gesorgt. Und schon seit dem zweiten oder dritten Jahrhundert vor Christus lag eine griechische Übersetzung vom (weitgehend abgeschlossenen) Psalter vor.

---

6   Vgl. Seybold, 32
7   Vgl. Seybold, 17
8   Mk 14,26; Mt 26,30

Der griechische Psalmenbegriff hat eine hebräische Entsprechung, *mizmor*, und meint *das vom Saitenspiel begleitete Lied*. Parallel dazu bezeichnet der Begriff Psalterion ein Saiteninstrument. Die hebräische Entsprechung des Psalterions sind die Leier und die Harfe.[9] Wir dürfen also eine starke musikalische Komponente annehmen in der Verwendung der Psalmen im jüdischen Gottesdienst. Wir kennen heute ja mehr die liturgische Verwendung der Psalmen als Wechselsprechtexte im Gottesdienst. In manchen Kirchen werden sie zu mittelalterlichen Melodien gesungen. Doch sind auch unsere kirchlichen Gesangbücher voller Lieder, die auf Psalmverse zurückgehen, sei es Martin Luthers *Aus tiefer Not schrei ich zu dir*, eine Nachdichtung von Psalm 130, oder *Wohl denen, die da wandeln*, Cornelius Beckers Nachdichtung des 119. Psalms.

Nun möchte ich auf die Frage eingehen, mit welchem Vorverständnis wir diesen alten Texten begegnen. Denn wir als Interessierte, als Lesende oder Betende bringen unsere jeweils eigene kulturelle Prägung mit, wenn wir uns den Psalmen öffnen. Auch die Psalmen stehen in einem bestimmten historischen Kontext, haben ihre eigene Prägung. Welten stoßen aufeinander, und ein tieferes Verstehen ist nicht selbstverständlich. Hier sind einige Klärungen hilfreich. Fachleute sprechen hier von Hermeneutik, der Lehre vom Verstehen.

Ich selbst lese die Psalmen der Hebräischen Bibel mit einer schöpfungstheologischen Brille. Das entspricht diesen Dichtungen, meine ich, da ihre Bildersprache immer wieder auf

---

9   Vgl. Seybold, 11

Himmel und Erde als Gottes Wohn- und Wirkraum anspielt. Ganz selbstverständlich gehen viele Psalmen auf Gott als den Schöpfer der Welt ein, implizit und explizit.

Zugleich lese ich die Psalmen mit einer christologischen Brille, also als Christusgläubiger. Das entspricht den jüdischen Texten nicht auf den ersten Blick. Die Texte der Hebräischen Bibel sind israelitischer, also jüdischer Herkunft. Vor dem Judentum als Mutterreligion des Christentums habe ich höchsten Respekt. Nicht von ungefähr mache ich mit meiner Band Naschuwa seit über 30 Jahren jüdische Musik und fühle mich durch die Schätze jüdischer Kultur und Tradition immer wieder bereichert und geadelt. Ich selbst aber bin kein Jude. Ich nähere mich diesen jüdischen Schätzen von meiner Herkunft her als Christ. Ich gebe mein Christsein nicht an der Garderobe ab, wenn ich diese Schatzkammer betrete. Mein Glaube an Jesus Christus reicht bis in die Tiefe meiner Seele und bestimmt natürlich auch meinen Blick auf das Leben und die Welt.

Mit einer langen Tradition christlicher Auslegungsgeschichte halte ich daher auch für mich fest: Ich nähere mich den Texten der Hebräischen Bibel als Christ. Sie enthalten die heiligen Schriften Jesu. Das gilt im besonderen Maße für die Psalmen. Sie können als das Gebetbuch Jesu angesehen werden. Wie die neutestamentlichen Autoren blicke ich quasi durch das Brennglas der frohen Botschaft Jesu Christi auf die Bibel und die Welt; auch auf die Psalmen. Durch meinen Glauben an Jesus Christus erschließt sich mir die Welt um mich herum. Durch meinen Glauben an Jesus Christus erschließen sich mir die Texte des

Ersten und des Neuen Testaments. Dietrich Bonhoeffer führt
das christus-bezogene Lesen der Psalmen am Beispiel von Psalm
23 aus: *Wer aber weiß, dass Gott in Jesus Christus selbst in unser
Leiden eingegangen ist, der darf mit großem Vertrauen sagen: „Du
bist bei mir, dein Stecken und Stab trösten mich."*[10] Die Psalmen
sind für Juden und für Christen Glaubensquellen, auch wenn ihr
Zugang unterschiedlich ist. Das eine hebt das andere nicht auf.
Die eine Hermeneutik schmälert die andere nicht. Vielmehr ist
es bereichernd, unterschiedliche Erkenntniswege kennenzulernen
und zuzulassen. Wichtig aber ist es, sich der eigenen Zugänge
zu den alten Texten zu vergewissern und sich somit der eigenen
Hermeneutik bewusst zu werden.

Für meine Gedichte bedeutete das: Ich habe sie als Christ
verfasst. Christus leuchtet für mich in den Psalmen ab und zu
hell auf, auch wenn er in meinen Nachdichtungen nur selten
beim Namen genannt wird. Denn eine heilige Scheu versagt mir,
an dieser Stelle vollmundig zu werden. Es ist wohl der Respekt
vor diesen alten – und von ihrer Entstehung her gesehen –
jüdischen Textschöpfungen. Und manches überlasse ich gern
Ihnen, meinen Leserinnen und Lesern, und stelle es Ihren
eigenen Deutungen anheim.

Nun mögen Sie sich fragen, was mich zu diesem Dichtungsprojekt
motiviert hat. Ich will die Frage gern so formulieren: Warum habe
ich mich mit meiner begrenzten poetischen Ader darangesetzt,
Nachdichtungen von Psalmen zu schaffen? Was hat mich dazu
getrieben? Es sind mehrere Motivationen.

---

10   Bonhoeffer, 125

Einiges, denke ich, erklärt sich
aus meiner Begeisterung für diese alten Lieder.
Die Psalmen haben mich gepackt
mit ihrer wunderschönen Sprache.
Ihre ehrliche Menschlichkeit fasziniert mich.
Sie sind sehr fromm.
Und doch ist ihre Sprache nicht abgedroschen,
so frisch und bodenständig.
Sie haben mir neue Welten eröffnet.
Ich darf mit ihnen in den Himmel blicken
und muss mit ihnen auch durch die Hölle gehen.
Ich ertaste neue Glaubenshorizonte.
Die Tiefe von Vergebung erschließt sich mir;
und die tiefe Freude über das Leben in
und mit der Schöpfung Gottes.
Ich bin in der Psalmen-Welt auf der Flucht vor Feinden,
oft den inneren,
und kehre immer wieder in die Geborgenheit zurück,
die nur ein gutes Zuhause mir geben kann.
Ich finde hier eine wunderbare Bildsprache,
die mein Denken und Beten um so vieles reicher macht:
Ich darf mich unter die Fittiche Gottes begeben
und auf Flügeln der Morgenröte unterwegs sein.
Ich stimme mit ein in einen 3000 Jahre währenden Chor,
in dem Menschen und Engel zu hören sind,
Steine und Pflanzen und Tiere. Wie außergewöhnlich!

Andererseits sehe ich aber auch, dass die Psalmen in dieser
Welt ein Schattendasein fristen. Sie sind in der Poesie

unserer Literatur nicht wirklich präsent. Wie sieht es damit aus im geistigen und geistlichen Leben von Christinnen und Christen? Im Kirchenvolk? Ich habe den Eindruck, dass die Psalmen nicht mehr als bunter Blumenstrauß der Inspiration wahrgenommen werden, sondern verwelken und zwischen alten Buchdeckeln langsam in Vergessenheit geraten. Das wird auch daran liegen, dass die Psalmen nicht immer leicht verdaulich sind. Manche von ihnen sind wenig eingängig, ja geradezu unzugänglich. Einige entziehen sich dem Verstehen und der Zustimmung heutiger Menschen. Es gibt hier Texte voller archaischer Rache- und Blutgelüste. Sie schrecken mehr ab, als dass sie locken. Enthalten deswegen die evangelischen Kirchengesangbücher zumeist nur eine kleine Auswahl der 150 Psalmen?

Ich möchte gern genauer hinsehen. Die Welt der Psalmen birgt soviel Wertvolles und Schönes, tiefe Schätze des Glaubens und Fühlens: Gespräche mit Gott, die unsere Gebete adeln und reich machen können; auch Demut und Ehrfurcht und zugleich eine Zärtlichkeit und Liebe, die unsere dürren Ausdrucksmöglichkeiten sprengen und uns zu neuer Sprache verhelfen können. Gerade in der natürlichen und naturverbundenen Sprache der Psalmen, besonders der Schöpfungspsalmen, sehe ich ein großes Potential für Veränderung und Erneuerung. Denn wir Heutigen können und müssen für die Zukunft des Planeten ein neues Denken und eine neue Sprache lernen, um die Schöpfung für unsere Kinder zu bewahren und sie nicht zu einer giftigen Hölle zu machen. Ja, auch dazu können uns Psalmen anleiten. Im Raum von Theologie und Kirchen brauchen wir, wie es Andreas Krone ausdrückt, eine *grüne Theologie*.[11]

Nach all diesen Vorbemerkungen mag es für Sie, liebe Leserinnen und Leser, nun nicht mehr so fern liegen, dass ich mich daran gemacht habe, die 150 biblischen Psalmen nachzudichten. Sie mögen sich wundern, wie nah manches meiner Gedichte dem ursprünglichen Psalm ist; und wie fern ein anderes dem Vorbild sein kann. Das liegt einfach daran, dass sich meine Gefühle und Gedanken hier und da verselbständigt haben und eigenen Spuren nachgehen wollten. So ist mancher biblische Psalm nur Impuls und Anregung gewesen, ein Stichwortgeber. Andernorts wiederum finden sich Gedichte, die dem Gedankengang des Psalms von Anfang bis Ende nachgehen. Nicht selten habe ich im Widerspruch formuliert, manchmal auch gegen die Textaussage, so zum Beispiel bei offener Kriegsbegeisterung oder blutrünstigen Rachegelüsten. Noch viel häufiger dichtete ich in begeisterter Zustimmung.

Einige Worte zur formalen Gestalt meiner Gedichte möchte ich noch äußern. Mir ist wichtig, dass meine poetischen Texte einen klaren Rhythmus aufweisen, also auch in Gruppen gut gemeinsam gesprochen werden können, und durch ihr festes Reimschema eine spürbare Harmonie auch für Mitteleuropäer gewinnen. Die hebräischen Psalmen haben eine ganz eigene orientalische Poesie. Immer wieder finden sich Stab- oder Endreime oder alphabetisch geordnete Zeilenanfänge. Vor

---

[11]   Krone, Holz, 165

allem aber bestechen die alten Dichtungen mit ihren Parallel-Aussagen, dem wichtigsten Stilmittel hebräischer Dichtung:[12] Ein Vers macht seine Aussage, der nächste wiederholt sie mit anderen Worten; manchmal sogar in einer Steigerung. Die Psalmen leben von poetischen Wiederholungen. Das gibt ihnen im Gesang der Gemeinde einen inhaltlichen Rhythmus.

Treffend hat es Dietrich Bonhoeffer, der ein Büchlein über die Psalmen geschrieben hat, ausgedrückt: *Was uns, die wir hastig zu beten gewöhnt sind, als unnötige Wiederholung erscheint, ist in Wahrheit die rechte Versenkung und Sammlung im Gebet, ist zugleich das Zeichen dafür, dass viele, ja dass alle Gläubigen mit verschiedenen Worten doch ein und dasselbe beten.*[13]

Die hebräische Poesie schätze ich hoch, soweit ich sie verstehe. Dennoch habe ich mich nicht durchgängig davon leiten lassen. Mir selbst sind Rhythmus[14] und Endreim sowie gelegentliche Alliterationen die wichtigsten Stilmittel, um Gedichte zu schaffen, die in unserer Sprache eingängig und harmonisch wirken. Die Reimschemata ändern sich oft von Gedicht zu Gedicht. Kreuzreime finden sich am häufigsten, hier und da nutze ich Paarreime, nicht selten aber auch umarmende sowie

---

[12] Parallelismus membrorum; ausführlich dazu vgl. Seybold, 55-69

[13] Bonhoeffer, 114

[14] In meinen Gedichten finden sich überwiegend Jamben, aber auch einige Daktylen. Die Jamben, also Verse im Zweier-Rhythmen, entsprechen dem Gefühl eines Laufes oder auch eines Spaziergangs und sind eingängig, weil man sie gut gemeinsam lesen kann, weil sie einfach durchlaufen. Einige Dichtungen sind als Daktylen konzipiert, also in Dreier-Rhythmen. Sie bekommen dadurch etwas Beschwingtes und können wie ein Walzer anmuten.

Schweifreime. Für manche meiner Reim-Arten weiß ich keinen Fachbegriff, vielleicht gibt es keinen. Was sich hier und da jedoch zeigt, ist meine Liebe zu den unreinen Reimen. So kann sich für mich *Spiel* sehr schön auf *Gefühl* reimen, gerade auch wenn es – wie hier – eine inhaltliche, intuitive Verbindung gibt.

Meinen Nachdichtungen liegen übrigens nicht die hebräischen Originaltexte zugrunde. Ich hätte sonst noch zehn weitere Jahre für das Buch gebraucht. Ich habe mich an deutschen Übersetzungen orientiert und unterschiedliche davon verwendet. Oft liegen mir die Formulierungen der Lutherübersetzung auf der Zunge und im Ohr. Sie sind mir vertraut. Zusätzlich habe ich Martin Bubers *Buch der Preisungen* zu Rate gezogen. Seine Sprachbilder sind vom hebräischen Denken geprägt und so schön unverbraucht. Am intensivsten hat mich allerdings die Psalmenausgabe der *Basisbibel* begleitet, die meiner eigenen Sprache am nächsten kommt.

Schließlich erlauben Sie mir noch ein Wort zur geschlechtergerechten Sprache. Weil *Gott* im Deutschen ein maskulines Wort ist, verwenden wir vielfach die Pronomen *er* und *sein*. Problematisch daran ist, dass wir eine männliche Gottesvorstellung schon aus unserer Tradition mitbringen. Jesus hat oft von Gott als seinem Vater gesprochen. Wir aber leben heute nicht mehr in einer vom Patriarchat bestimmten Zeit oder sollten es zumindest nicht mehr. Gefordert ist von uns, auch im Raum der Kirche eine geschlechtergerechte Sprache zu finden, um dann auch geschlechtergerecht denken zu können und umgekehrt. Sprache und Denken beeinflussen sich bekanntlich ungemein. Mit den Psalmen können wir umdenken lernen. Sie legen Gott nicht durchgängig auf die männliche Rolle, auf maskuline Attribute fest. Sie kennen Gottes fürsorgliche Ader, sein mütterliches Handeln. In Psalm 22 tritt Gott als Hebamme auf.[15] Gott als Hausfrau und Chefin der Hauswirtschaft finden wir in Psalm 123,[16] als Mutter, die ihre Kinder stillt, in Psalm 131.[17] Das sind nur einige Beispiele. In meinen Nachdichtungen nehme ich diese Gender-Impulse dankbar auf. Manchmal verwende ich in einem Gedicht männliche und weibliche Anreden und Eigenschaften Gottes. Das kann den einen oder die andere überfordern, denn wir alle sind hier noch auf dem Weg. Für die Verwendung in liturgischen Zusammenhängen mag man das zur einen oder anderen Seite hin harmonisieren, wenn es notwendig erscheint.

Eines aber muss uns klar werden. Gott ist weder männlich noch weiblich. Gott ist trans-gender im wörtlichen Sinn: Gott ist jenseits von geschlechtlichen Zuschreibungen. Wenn wir allerdings von Gott menschlich reden wollen, dann schreiben wir ihm Weibliches und Männliches zu. Das tun die Psalmen auch. Es ist gut, Gott in unsere Erfahrungswelten hineinzuholen, wie wir es in den Psalmen erleben. Als geschlechtliche Wesen, die ihre Erfahrungen nicht nur, aber auch geschlechtlich einordnen, können wir nicht anders, als von Gott hier und da männlich oder weiblich zu reden. In aller Offenheit dafür, dass Gott trans-gender ist, ist das notwendig und gut. Wichtig dabei bleibt, nicht einseitig zu werden, sondern gerade aus der Einseitigkeit auszusteigen.

---

[15] Ps 22,10f
[16] Ps 123,2
[17] Ps 131,2

Nun entlasse ich Sie aus dieser Vorrede. Es wäre eine große Wertschätzung für mich, wenn meine Psalmgedichte hier und da Eingang in den persönlichen Glaubensvollzug sowie in den Gottesdienst fänden. Möglicherweise entsteht hier und da ein Lied. Das wird sich zeigen.

Im Folgenden werden alle Gedichte in der entsprechenden Reihenfolge ihrer ehrwürdigen Vorbilder, der 150 Psalmen, abgedruckt. Mögen sie Wege in viele Herzen finden.

Literaturverzeichnis

Basisbibel, Stuttgart (Deutsche Bibelgesellschaft) [3]2012.

Die Bibel. Nach Martin Luthers Übersetzung, Stuttgart (Deutsche Bibelgesellschaft) 2016.

Bonhoeffer, Dietrich: *Gesammelte Werke Band 5*. (Gemeinsames Leben, Das Gebetbuch der Bibel). Hg. von Gerhard L. Müller und Albrecht Schönherr. München (Kaiser) 1987, S. 105-132.

Buber, Martin: *Das Buch der Preisungen*, Gerlingen (Bleicher) [10]1975.

Donner, Herbert: *Geschichte des Volkes Israel und seiner Nachbarn in Grundzügen*. 1 + 2, (ATD 4/1 + 4/2), Göttingen (Vandenhoeck & Ruprecht) 1984 / 1986.

Krone, Andreas: *Holz und Baum. Baustoff für eine grüne Theologie*. In: Deutsches Pfarrerblatt 3/2020, S. 162-165.

Seybold, Klaus: *Die Psalmen. Eine Einführung*. Stuttgart (Kohlhammer) 1986. Urban Taschenbücher 382.

Poetische Gebete im Fahrwasser der Psalmen

1 Wie ein grüner Baum am Bach

Mit Gottes Augen angelacht
und seinen Ohren angenehm
   sind Menschen, die kaum aufgewacht,
   mit einem Bibelwort umgehn;

und wenn das Tagewerk vollbracht,
sich nicht nur müde niederlegen,
   sondern mit Psalmgebet zur Nacht
   sich gern in Gottes Schutz begeben.

Denn wie ein grüner Baum am Bach
in festem Wurzelwerk sich gründet
   und Früchte trägt im Blätterdach,
   ist der, der sich mit Gott verbündet.

2 Sich bergen im geistlichen Zelt

Die Mächtigen unserer Welt
sind auf ihren Vorteil bedacht.
    Profit und der Zuwachs von Geld
    nebst Ansehn und Einfluss und Macht,
so ist es oft um sie bestellt.
Mit Gott sind sie längst schon verkracht.
    Sie haben den Mammon gewählt,
    den Anspruch des Schöpfers verlacht.

Gott selbst ist Behüter der Welt,
der Schöpfer von Tag und von Nacht.
    Er hat sich den Einen erwählt,
    zum heimlichen Herrscher gemacht:
den Sohn sich zur Seite gestellt,
ein Feuer der Liebe entfacht,
    mit Machtlosigkeit sich vermählt,
    Gerechtigkeit zu uns gebracht.

Sich bergen im geistlichen Zelt
bei dem, der die Treue uns hält,
ist das, was auf lange Sicht zählt.

3 Flucht in Gottes Arme

Manchmal kommt es mir so vor,
als sei ich hart bedrängt,
eingeschüchtert, kritisiert
und bis ins Mark gekränkt.
Werd verfolgt von manchen Fehlern,
die ich heut bereue.
Spüre, dass mir manche Freunde
kündigen die Treue.

Flüchte mich in deine Arme,
will mich in dir bergen,
meine Hilfe, meine Zuflucht
vor den tausend Schergen,
die in einem bösen Albtraum
mich gefangen nehmen.
Aber du vertreibst die Geister,
bis sie nur noch Schemen.

Bei dir kann ich nun Ruhe finden,
schlafen und erwachen.
Fühle tief in mir den Frieden
und kann wieder lachen.
Du allein bist meine Fluchtburg,
Schutz vor allem Bösen.
Du mein Gott, mit deinem Segen,
du wirst mich erlösen.

4   Tröste mich

Leihe mir dein Ohr, mein Gott
und höre mein Gebet.
    Siehe was in mir rumort,
    was niemand sonst versteht.

Komm zu mir und tröste mich,
sei bei mir in der Angst.
    Ich schenke dir mein Herz, ich weiß,
    dass du nicht mehr verlangst.

Geld und Gut gibt Sicherheit
manch Frau und manchem Mann.
    Ich aber weiß, dass ich in Frieden
    in dir ruhen kann.

5   Mit dir im Herz erwachen

Ich liege wach und rufe, Gott,
ich suche den Kontakt zu dir.
    Am Morgen, noch bevor es graut
    brauch ich dich oft ganz nah bei mir.
Nicht viele Worte will ich machen.
Mit dir im Herz will ich erwachen.

    Des Tags hör ich den Prahlern zu.
    Sie dreschen Phrasen ohne Ende.
Sie geben an und teilen aus.
Ich sehn mich nach der Tageswende,
    nach Abendhauch und einem Lachen.
    Will dann mit dir im Herz erwachen.

6 Schwach bis auf den Grund

Ich sag es unverblümt heraus,
kein Blatt vor meinem Mund:
    Ich fühl mich ausgelaugt und krank,
    bin schwach bis auf den Grund.

Das Leben spielt mir übel mit,
mein Herz ist tief erschrocken.
    Nicht einer, der mich trösten will
    und aus dem Dunkel locken.

Inmitten meiner Tränen such ich
nach der letzten Zuflucht.
    Ich wage es und frage Gott,
    ob er mich denn herausruft.

7 Lass ihre Pfeile abstumpfen

Ich seh mich von Menschen umgeben,
die nur ihre Vorteile suchen,
    die andere ständig verfluchen.
    Sie arbeiten immer dagegen.

Schütze mich, Gott, vor den Hieben
und lass ihre Pfeile abstumpfen,
    die Boshaftigkeiten versumpfen.
    Und lass in den täglichen Kriegen
    mich selbst nicht verlernen, zu lieben.

8 Wundervoll sind deine Werke

Wundervoll sind deine Werke,
der du die Planeten schufst;
    der du jede kleine Blüte
    und auch mich ins Dasein rufst.

Kleine Kinder schon erkennen
dich in deiner bunten Welt.
    Wer den mächtigen und großen
    Menschen wohl die Augen hält?

Wenn ich in die Sterne sehe
und mich Ehrfurcht tief ergreift,
    wenn ich eine Perle halte,
    große Schönheit, lang gereift;

wunder ich mich stets aufs Neue,
dass der große Schöpfergott
    sich noch mit uns Menschen abgibt,
    hat er uns denn noch nicht satt?

Immer noch schenkt er uns Leben,
das nach seinem Bild er schuf.
    Dass wir pflegen und bewahren
    diese Welt, das ist sein Ruf.

9 Die Schöpfung bewahren

Ich freue mich, Vater und Mutter des Lebens,
und fröhliche Lieder, die singe ich dir.
Denn meine Gebete, die warn nicht vergebens.
Du hörst auf mein Flehen und antwortest mir.

Du Schöpfer von Welten, die wir nicht mal kennen,
der du auch mein Leben in deiner Hand trägst.
Du Richter lässt alles Verdorbene brennen,
der du aber keinem die Umkehr abschlägst.

Mit liebenden Augen blickst du auf die Armen.
Bedürftigen baust du ein bergendes Nest.
Und denen, die glauben, schenkst du dein Erbarmen.
Denn wer dir vertraut, weiß sich sicher und fest.

Lass alles, was lebt, deine Liebe erfahren
und wende die Gottlosen sachte zu dir.
Und hilft uns nach Kräften die Schöpfung zu wahren.
Denn Leben, das schenkst du im Jetzt und im Hier.

10   Gott, sieh dich doch um

Ich sehe mich um und es widert mich an:
Menschen, die andere Menschen betrügen,
    sich schamlos bereichern, korrupt sind und lügen,
    ich sehe so viele zerbrechen daran.

Ich sehe mich um und ich frage: warum?
Der Böseste kann sich in Sicherheit wiegen.
    Und Gott wird geleugnet, man lässt ihn links liegen.
    Wann kommt er und reißt uns das Steuer herum?

Gott, sieh dich doch um und erhebe die Hand.
Sieh, wie sich deine Geschöpfe bekriegen.
    Gebiet ihnen Einhalt und lass sie nicht siegen.
    Erweis deine Macht und befriede das Land.

11   Mit deinem Trost

Mein Vertrauen setze ich auf dich,
ja selbst wenn das in dieser Zeit nichts gilt,
  und auch wenn mancher böse schimpft und schilt.
  Manch andern bist du lästig lediglich.

Dennoch halte ich mich stets zu dir,
Und lass mich vor dem Zeitgeist nicht erschrecken.
  Ja, auch wenn sie im Spott die Zähne blecken,
  so kommst du doch mit deinem Trost zu mir.

12 Die Heuchler haben Konjunktur

Der Glaube an den einen Gott,
der nimmt seit Jahren ab.
　Der Zeitgeist zieht ihn aufs Schafott
　und würdigt ihn herab.

Die Heuchler haben Konjunktur,
die Leugner Oberwasser.
　Und die Gemeinen lachen nur,
　sowie die Gotteshasser.

Doch still und stetig wirkst du noch
bei denen, die dich rufen.
　Du kommst und nimmst dir unser Joch
　und trägst uns hoch die Stufen.

13 Wie lange noch?

Wie lange noch willst du mich, Gott, vergessen?
Wie lange noch ruf ich umsonst nach dir?
Wie lange werd ich noch mein Kissen nässen?
Wie lange noch verbirgst du dich vor mir?

Gott schau mich an, bin ich denn nicht dein Kind?
Mein ganzes Leben hast du mich begleitet.
Ich dachte immer, dass wir Freunde sind.
Durch dunkle Täler hast du mich geleitet.

Ich spüre, dass die Tränen nun versiegen.
Ein kleiner Trost wärmt meinen Seelenort.
Die Traurigkeit kommt langsam zum Erliegen.
Du bist und bleibst mein Hüter und mein Hort.

14   Wir laufen aus der Spur

Nicht einer ist es, der den graden Weg geht.
Wir alle laufen manchmal aus der Spur.
  Es liegt an Einsicht und an Demut nur,
  ein Mensch zu sein, der für die Fehler einsteht.

Wir glauben an den Vater der Vergebung,
die Mutter, die uns in die Arme schließt
  und mit uns manche Träne selbst vergießt.
  Vertrauen wird ein Akt voller Ergebung.

In Gott dürfen wir unvollkommen sein.
Gott steht mit seinem Leben für uns ein.

15 Gott lässt sich alltäglich aufspüren

Wir suchen die heiligen Orte.
Wir sprechen viel heilige Worte.
Wir wollen mit Gott uns verbinden.
Wir streben danach, ihn zu finden.

Doch finden wir ihn, wenn wir streben,
nur weltfremd und fromm abzuheben?
Gott lässt sich alltäglich aufspüren,
wo wir unsren Hochmut verlieren,

gemeinschaftlich Leben gestalten,
uns an seine Weisungen halten.
Er ist, wo wir uns nicht belügen
und selbst unsre Feinde noch lieben.

So sprechen wir heilige Worte.
So finden wir heilige Orte.

16   Er wird dir Wege bauen

Bewahre dein Vertrauen,
mahnt mich mein Herz bei Nacht.
Auf deinen Gott zu bauen,
gib darauf doch mehr Acht.

So voll sind deine Tage,
geschäftig, laut und lang.
Der Glaube wird zur Frage,
und schlimmer noch, zum Zwang.

Bewahre dein Vertrauen
und glaube fest an ihn.
Er wird dir Wege bauen.
Das Glück wird mit dir ziehn.

17 Wie eine gute Mutter

Wie eine gute Mutter,
so hüte du mein Herz,
und lass mich unter deinen Flügeln ruhn.

Der Tag nimmt mich gefangen
mit Wirtschaft und Kommerz.
Des nachts lass ich mir von dir Gutes tun.

So viele Menschen gehen
dem Zeitgeist auf den Leim,
bereichern sich und raffen, wo's nur geht.

Sie arbeiten und schaffen
für Auto, Kind und Heim,
doch ernten wenig Frucht auf deinem Beet.

Gott, wie ein guter Vater,
so leite meinen Schritt.
Behüte mich vor Habgier, Lug und Trug.

Führ mich auf graden Wegen,
lass mich nicht aus dem Tritt.
Und das, was du mir gibst, sei mir genug.

18 Mit Gott über Mauern springen

Heut bin ich voller Dankbarkeit,
mein Freund und mein Begleiter.
   Du hast mich aus dem Netz befreit,
   drum bin ich froh und heiter.

Ich danke dir, ich lobe dich,
mein Schutz und meine Stärke.
   Ich flehte, du erhörtest mich.
   Du bist in mir am Werke.

Mir stand das Wasser bis zum Hals,
du hast mich rausgezogen,
   und meine Hasser allenfalls
   um ihren Sieg betrogen.

Heut tanz und spring ich glaubensstark
mit dir selbst über Mauern.
   Ich hoffe, diese Freude mag
   die Tage überdauern.

19 Teil 1 Gott, der überall geschieht

Im ganzen Firmament ist es zu hören,
das wunderbare vielstimmige Lied,
   von dem wir alle als Geschöpfe zehren,
   Es singt von Gott, der überall geschieht.

Das Lied schwingt sich von einem Tag zum andern.
Die Nacht singt es der nächsten leise zu.
   Vorzeiten schon begann das Lob zu wandern,
   das – jenseits aller Worte – spricht vom Du.

Die Engel singen es in alle Lande,
und wo es klingt, da blüht die Liebe auf.
   Wer einstimmt, ist zu lieben selbst imstande.
   Mit ihnen führt Gott seine Welt herauf.

Unablässig spricht Gott seine Worte,
lässt sie regnen auf verdorrtes Land,
sendet sie bis an die fernsten Orte,
gibt sie auch uns Menschen an die Hand.

Manches Gotteswort vermag zu trösten,
wo der Kummer einen Menschen trifft.
Scheint der Sorgenberg am allergrößten,
ist sein „Sorget nicht!" das Gegengift.

Hören wir erneut auf sein Gebot.
Richten wir uns auf den Einen aus.
Wer die Richtung zu verlieren droht,
findet aus dem inn'ren Chaos raus.

Wer das Reden Gottes hören kann,
nimmt sich in den eignen Grenzen wahr,
tritt in Demut an den Schöpfer ran.
Gott macht seine trübe Seele klar.

20 Die Mutter der Erde

Der Hüter des Lebens, er möge dich schützen,
er möge dich tragen, versagt deine Kraft,
    wenn Ängste und Sorgen die Seele besitzen,
    und wenn dir dein Handeln Gewissensnot schafft.

Die Mutter der Erde, sie möge dich nähren,
sie möge dir geben, was du heute brauchst.
    Wie sollte sie dir denn die Hilfe verweigern,
    wenn du im Vertrauen ein Stoßgebet hauchst?!

Der Vater der Schöpfung, er stärkt seine Kinder,
er ruft uns zusammen und will uns vereint;
    die Nahen, die Fernen, die Fremden nicht minder.
    Wir retten die Welt nur, wenn wir uns nicht feind.

21 Setz mit uns Akzente

Unsichtbar und nicht zu fassen
bist du, Weltenschöpfer.
　　Wir in unsren Grenzen sind der
　　Ton und du der Töpfer.

Öffne uns die inn'ren Augen,
mach den Blick uns frei.
　　Nimm die Schatten von der Seele
　　und erschließ dich neu.

Siehe wie wir uns dann freuen,
höre unsre Lieder.
　　Fröhlich sein in dir fährt uns ins
　　Herz und in die Glieder.

Richte uns neu aus, zeig uns
die Gaben und Talente.
　　Stell uns in das volle Leben,
　　setz mit uns Akzente.

22 Hast du mich vergessen?

Verzweifelt rufe ich zu dir,
hast du mich ganz vergessen?
    Ich kann dich nicht mehr hörn und sehn,
    ich kann dich nicht mehr fassen.

Mein Tag ist null und nichtig heut,
die Nacht ist lang und leer.
    Denn du hüllst dich in Schweigen, Gott,
    du machst es mir so schwer.

Wie im Nebel tappe ich
und falle immer wieder.
    Die anderen verspotten mich
    und trampeln auf mich nieder.

Wie oft war ich mit dir, mein Gott,
ein Herz und eine Seele.
    Wie oft kam dankbar ein Gebet,
    ein Lied aus meiner Kehle.

Du warst mir Sonne, warst mir Mond,
warst Abend mir und Morgen.
    Behütet hielt ich deine Hand,
    du nahmst mir alle Sorgen.

Und deshalb halt ich fest an dir.
Ich wage neu Vertrauen.
    Ja trotz der Krise werde ich
    auf deine Hilfe bauen.

23 Der gute Hirte

Mit einem Lächeln geh ich durch den Tag.
Du bist die Sonne, die mir Wärme gibt.
  Du bist der gute Hirte, der mich liebt
  und dessen Hand ich heut zu spürn vermag.

Mit einem Lächeln geh ich in die Nacht.
Auch wenn im Traum so mancher Alb mich quält,
  selbst wenn ein Todesschatten auf mich fällt,
  bist du der Hüter, der mich gut bewacht.

Mit einem Lächeln geh ich in den Morgen.
Denn hab ich Hunger, deckst du mir den Tisch.
  Fehlt's mir an Glauben, teilst du Brot und Fisch.
  Ich bin ganz still, denn du wirst für mich sorgen.

24 Überall ist Gottes Tempel

Erde, Wasser, Meer und Land,
Blumen, Bäume, Mensch und Tier,
alles fließt aus seiner Hand,
uns zum Leben, ihm zur Zier.

Welcher Ort von allen Orten
mag besonders heilig sein?
Welches Wort von allen Worten
dringt bis in sein Ohr hinein?

Jeder Ort, wo ich wahrhaftig
und in Demut vor ihn trete;
jedes Wort, das schwach, das kräftig,
das ich ehrlich zu ihm bete.

Überall ist Gottes Tempel.
Glaube öffnet uns die Tür.
Hoffnung schenkt den Pilgerstempel.
Liebe macht Gott sichtbar hier.

25 Meine Wünsche – Deine Wünsche

Was mir auf der Seele brennt, trag ich zu dir.
Dir, mein Freund, vertrau ich ganz und gar.
Gibt mir deinen Segen für mein Jetzt und Hier.
Meine Dankbarkeit bring ich dir dar.

Früher war ich öfter mal enttäuscht von dir.
Meine Wünsche wurden selten wahr.
Aber, was ich wirklich brauchte, gabst du mir.
Dessen wurd ich später erst gewahr.

Kurzsichtig und kleinlich sind so viele hier.
Übergroß ist der Enttäuschten Schar.
Öffnet deine Liebe ihnen neu die Tür,
wird das Herze weit, die Seele klar.

Geläutert und geliebt, so treten wir zu dir.
Wir bringen alles, was uns bindet, dar.
Gewinnen Freiheit und ein großes Herz dafür.
So werden schließlich deine Wünsche wahr.

26 Erforsche meine Seele

Sieh mir bis ins Herz, mein Gott,
erforsche meine Seele.
Mein Gemüt liegt offen da,
nichts ist vor dir versteckt.

Hilf mir in Versuchungen,
dass deinen Weg ich wähle.
Wenn ich wanke, sei mein Freund,
der Widerstandskraft weckt.

Bist ein Feind von Lüge,
von Gewalt und Korruption.
Mit Betrug und mit Bestechung
gehst du ins Gericht.

Hilf mir, werde ich bedrängt,
zu klarer Position.
Will ich doch wahrhaftig bleiben,
eindeutig und schlicht.

Lasst uns miteinander diesen
guten Weg beschreiten,
teilen unter denen,
die das Nötigste entbehren.

Steht der rechte Weg infrage,
lasst uns fruchtbar streiten.
Gott, der Gutes will, wird uns
die Einsicht nicht verwehren.

27 Meines Lebens Kraft

Du Freundin machst mein Dunkel hell
und meine Wunden heil.
    Ich brauch mich nicht zu ängstigen,
    bin doch von dir ein Teil.

Gott, du bist meines Lebens Kraft,
in dir bin ich geborgen.
    Was ich befürchte, lass ich los,
    denn du wirst für mich sorgen.

Ich möchte gern mein Leben lang
in deinem Schutz mich bergen,
    behütet und bewahrt vor Unbill
    und vor bösen Schergen.

So suche ich dein Angesicht,
stell mich in deinen Blick.
    Ich leb von deiner Zuwendung.
    In dir liegt mein Geschick.

28 In deiner Hand

Mein Fels bist du, der sicher steht
in diesen rauen Zeiten.
Wenn alles um mich tobt und rast
lass ich mich von dir leiten.

Wie eine Fahne geht im Wind
und wechselt oft die Richtung,
so lebte ich, vertraute mal
auf Wahrheit, mal auf Dichtung.

Doch als ich dann in Not geriet,
das Wasser bis zur Nase,
besann ich mich und rannte heim,
behende wie ein Hase.

Du nahmst mich wieder auf bei dir
und gabst mir festen Stand.
Im schlimmsten Sturm vertrau ich nun:
Hältst mich in deiner Hand.

29 So lasst uns nun tanzen

Ihr Wesen des Himmels, Geschöpfe der Liebe,
ihr dienstbaren Engel, so betet ihn an.
   Ihr Menschen, ihr Tiere, ihr Wesen der Erde,
   macht weit eure Herzen, wenn sie tritt heran.

Denn sie ist die fruchtbare Mutter der Erde,
sie setzt ihren Fuß, eine Quelle springt auf.
   Ja er ist der Schöpfer, und in seinem Atem
   beginnt es zu sprießen und blühen zu Hauf.

Ihr Wilden, ihr Zahmen, ihr Großen, ihr Kleinen,
so tanzt ein Willkommen, nehmt Gott in den Kreis.
   Ihr Blumen, ihr Bäume, ihr Flüsse, ihr Felsen,
   lasst hören und sehn euer Lob, euren Preis.

So lasst uns nun tanzen und freuen und singen
für Gott, der uns Vater und Mutter zugleich,
   lebendig und wirksam, erfüllend und heilsam,
   so weckt er, was tot ist; was arm, macht er reich.

30 Aus tiefster Tiefe

Aus tiefster Tiefe hast du mich gezogen.
Allein und ganz im Dunkel saß ich fest.
In meinen Kerker kam dein Geist geflogen
und zog beharrlich sanft mich in dein Nest.

In deinen Armen spür ich neues Leben.
Der dunkle Knoten löst sich in mir auf.
Ich sehe wieder Licht auf meinen Wegen.
An deiner Hand geht es für mich bergauf.

Aus tiefster Tiefe hast du mich gezogen.
Dank deiner Güte fühl ich mich gesund.
Du liebst uns Menschen. Du bist uns gewogen.
Du machst mein Leben lebenswert und bunt.

31 Mir war so angst und bange

Mir war so angst und bange,
mein Herz war kalt und leer.
    Ich hatte schon so lange
    kein Ziel vor Augen mehr.

Aus Freunden wurden Feinde,
ich schloss mich tiefer ein.
    Und selbst in der Gemeinde
    war ich sehr oft allein.

Ein Nichts in ihren Augen,
verspottet und verhöhnt.
    Ich meinte, nichts zu taugen.
    Den Tod hab ich ersehnt.

Enttäuscht von diesem Leben
sah ich den Sinn nicht mehr.
    Doch es zurück zu geben,
    der Schritt war mir zu schwer.

Bis ich ein Herz mir fasste,
den Mut zusammen nahm,
und einmal nicht verpasste
das Glück, das zu mir kam.

Ich öffnete die Hände.
Ich rief in meinem Schmerz.
Gott brachte mir die Wende.
Gott öffnete mein Herz.

Inzwischen hab ich Frieden
mit meiner Welt gemacht.
Zum Leben und zum Lieben
bin ich in ihm erwacht.

32 Dein mit Haut und Haaren

Ich darf der Lasten los und ledig sein,
    der Bürde, die mir schwer und schwerer wurde,
die schwärzte meine Seele ins Absurde.
    Durch offne Fenster strömt nun Licht hinein.

Ich freue mich, ich ruf es laut hinaus.
    Der Jubel, den ich fühl, kennt keine Grenzen.
Ich schwing mich auf in Liedern und Sentenzen.
    Gott machte meiner Sünde den Garaus.

Ich nannte, ich bekannte meine Schuld.
    Ich packte alles aus, was mich verquerte,
was dunkel war, was mir das Herz entleerte.
    Gott lächelte in ernsthafter Geduld.

Mir zitterten die Lippen nicht zu knapp.
    Ein schwerer Weg, die Rede des Entladens,
das Eingestehen des begangnen Schadens.
    Fast machten meine Seelenkräfte schlapp.

Doch darf ich nun der Lasten ledig sein.
    Befreit sind Geist und Seele, Herz und Hände.
Dass du die Schuld vergibst, ist meine Wende.
    Mein Gott, mit Haut und Haaren bin ich dein.

33 Dein leiser Liebesschwur

Gott, was aus deinem Munde fließt
an unsagbaren Worten,
    was du in Lebensformen gießt
    heut, hier und allerorten,
das ist das Nest, das du uns baust,
in dem wir dankbar wohnen.
    Das prägt das Herz, in dem du haust
    heut, hier und allerzonen.

Du bist uns nah und zugewandt,
bist auch jedoch der Ferne.
    Als Mitte unsres Seins erkannt,
    verehren wir dich gerne.
Mit allem, was erklingen kann,
da wollen wir dir klingen.
    Mit allem, was da singen kann,
    da werden wir dir singen.

Dein schöpferisches Wort ersang
lebendiges Gewimmel.
    Dein leiser Liebesschwur erklang
    auf Erden und im Himmel.
Auch mich erreichte dieser Hauch,
da sang in mir die Freude,
    fand Widerhall in Kopf und Bauch,
    im Glück und auch im Leide.

34 Die trübe Seele wurde klar

Als armer Tropf kam ich zu dir,
schrie stumm aus voller Kehle.
Mein Gott, der Kopf zersprang mir schier;
zerrissen Leib und Seele.

Als ich ein Häufchen Elend nur
da hörtest du mein Klagen.
Mein Moll verklang. Es sang dein Dur
vernehmlich in mein Fragen.

Was bitter auf der Zunge war,
das wurd mir süß und schön.
Die trübe Seele wurde klar,
denn sie hat dich gesehn.

Du ziehst mich Armen aus der Gruft
Und setzt mich neben dich.
Ich mache meiner Freude Luft
und werde wesentlich.

35 Mit Ross und Reiter

Ich strample mich ab und ich laufe mich tot,
und komme doch keinen Schritt weiter.
  Ich fühl mich von Feinden umringt und bedroht,
  versinke mit Ross und mit Reiter.

Ich fliehe den Stress, doch erliege dem Druck.
Ich kämpfe, versuch mich zu wehren.
  Doch all meine Kräfte versiegen ruckzuck.
  Da ist nichts mehr da, sie zu nähren.

Am Boden zerstört und von Lasten erdrückt,
so hast du, mein Gott, mich gefunden.
  Hast lächelnd die Lasten beiseite gerückt,
  der Fesseln mich sachte entbunden.

Dann hast du mir Ruhe und Frieden geschickt.
Das Hamsterrad ist nun verschwunden.
  Nun können, weil du ganz nach vorne gerückt,
  mir Körper und Seele gesunden.

36 Im Schatten deiner Flügel

Im Schatten deiner Flügel kann ich ruhen.
So weiß ich mich behütet und geliebt.
   Ich seh die Welt umspannt von deinen Schwingen.
   Es ist dein Schutz, der Mensch und Tier umgibt.

Wir leben von den Wassern deiner Quelle.
Wir glühen in den Funken deines Lichts.
   Wir nähren uns von deinen guten Worten.
   Und wenn wir dir vertrauen, fehlt uns nichts.

37 Gott lacht dem Bösen ins Gesicht

Verschwende keine Energie,
wo böser Wille ist am Werk.
Denn diesen Kampf gewinnst du nie.
Stattdessen endet solch Gewerk,
weil's letztlich null und nichtig ist,
und Gott die Guten nicht vergisst.

Lass daher, was dich bindet, los,
und richte aus dein Augenmerk
auf Gott, der unsichtbar und groß,
ist überall für uns am Werk.
Er lacht dem Bösen ins Gesicht.
Er weiß, es überdauert nicht.

Drum tu es seinem Wirken gleich
und teil, was dir gegeben ist.
Verschenk dich selbst, das macht dich reich.
Zu viele halten zu viel fest;
und suchen doch nur Sicherheit.
In Gott allein steht unsre Zeit.

38 Reiße meine Mauern ein

Ich bin am Boden, bin am Ende,
mein Lebenswille blutet aus.
   Seit Tagen seh ich keine Wende.
   Stockdunkel ist mein Seelenhaus.

Ich habe dich, mein Gott, verraten.
Nun bin ich vor dir auf der Flucht.
   Bin heimatlos. Aus Edens Garten,
   da stößt du mich mit voller Wucht.

Ich war so blind für deine Liebe.
Hab die Gebote ignoriert.
   Verteilte Häme, Hass und Hiebe.
   Hab böse Glut in mir geschürt.

Nun haben alle mich verlassen.
Bin furchtbar einsam und allein.
   Versuch, mein Unglück zu erfassen
   und reit mich doch nur tiefer rein.

Ach, dass ich deine Liebe spüre,
so reiß doch meine Mauern ein.
   Zumindest öffne mir die Türe,
   lass Licht, lass Lebenshauch hinein.

Ich will mich wieder in dir bergen.
Dein Freund, der will ich wieder sein.
   Vergib mir doch! Vertreib die Schergen,
   denn ich bin dein und du bist mein.

39 Mit Worten achtsam sein

Mit Worten will ich achtsam sein.
Meine Zunge will ich hüten,
   selbst wenn meine Gegner wüten,
   bereu ich's sonst im Nachhinein.

Ergibt sich die Gelegenheit,
laut zu lästern, laut zu fluchen
   und mir ein Ventil zu suchen,
   schenk du mir Gelassenheit.

Wenn ich mich beschweren muss,
will ich mich bei dir beklagen,
   bei dir weinen, bei dir fragen,
   schimpfen laut und mit Verdruss.

Im Angesicht von Wut und Schmerz
bist du, Gott, mein Tränenbecken.
   Wirst auch wieder Frieden wecken
   meinem Mund und meinem Herz.

40 Gott zieht mich aus dem Brunnen

Mir stand das Wasser bis zum Hals,
ich konnt mich kaum bewegen.
Ich steckte fest in tiefem Schlamm
fernab von guten Wegen.

Mir wurde klar, ich komm nicht los,
kann mich nicht selbst befreien.
Ich rief in meiner Not zu Gott,
fing lauthals an zu schreien.

Gott hörte meinen Hilferuf
und zog mich aus dem Brunnen.
Mein Schrei ging über in ein Lied,
hab meinen Dank gesungen.

Heut setz ich mein Vertrau'n in ihn,
bleib mit ihm in Kontakt.
Er sorgt für mich. Ich folge ihm,
denn das ist unser Pakt.

41 Sei du mein Frühling

Kraftlos lieg ich hier und matt
und kann mich kaum bewegen.
Wie habe ich das Kranksein satt,
ich möcht mich wieder regen.

Ich sehne mich nach Tatendrang,
will neue Kräfte fühlen.
Stattdessen fesselt mich der Zwang,
die heiße Stirn zu kühlen.

Und immer wieder rufe ich:
Mein Gott, hab doch Erbarmen!
Lass mich nicht länger mehr im Stich,
halt mich in deinen Armen!

Sei du mein Frühling, meine Kraft,
sei Sonne mir und Leben!
Sei du, der in mir Heilung schafft,
der fließen lässt den Lebenssaft,
in Wurzel, Stamm und Reben!

42 Du wirst mein Sehnen stillen

Ich sehne mich, verzehre mich, ich wart auf dich.
Lang her, dass mir dein Atem durch die Kehle rann.
Wie ausgetrocknet fühlt sich meine Seele an.
Ein Hund, der ausgehungert um den Fressnapf schlich.

Ich warte auf dein Wort, das mir den Knoten löst,
der sich mir lang schon schmerzhaft um die Flügel legt,
der mir das Leben abschnürt, bis sich nichts mehr regt.
Es fühlt sich an, als ob in mir der Geist verwest.

Ich bitte dich, ich locke dich, ich ruf nach dir.
Denn ohne dich bin ich nur eine Puppe,
am schroffen Riff gestrandete Schaluppe,
ein Geisteswesen eingesperrt im Jetzt und Hier.

Nun geh ich in die Stille und ich öffne mich.
Ich leere meinen Geist von aller Trauer.
Dein Schweigen ist nicht mehr von langer Dauer.
Du wirst mein Sehnen stillen, darauf traue ich.

43 Sende dein Licht

Sende dein Licht
und deine Wahrheit,
    dass sie mich leiten
    in eine Klarheit,
    mit der ich hellsichtig laufen kann.

Nimm mir die Angst,
und nimm mir den Kleingeist.
    Schenk mir den Geist,
    der in deine Welt weist,
    dass ich als Liebender laufen kann.

44 Wirkst du noch heute?

Wir haben vernommen mit eigenen Ohren
vom Tun unsres Gottes in unserer Welt.
  Wir staunen im Angesicht mancher Geschichte,
  wie er sich dem Unrecht entgegengestellt.

Doch stets bohrt sich wieder der eine Gedanke
in unsere Herzen, in unser Gemüt.
  Bist du, Gott, noch unter uns? Wirkst du noch heute?
  Auf dass unser Glaube aufs Neue erblüht!

Wir warten auf dich und wir hoffen auf dich.
Erweis deine Güte im Heute und Hier.
  Bist über die Zeiten noch immer derselbe,
  so zeig uns den Weg und dann folgen wir dir.

45 Ich sing dir meine Poesie

Mein Herz ist voller schöner Worte,
die ich dir gerne sagen will.
Sie führn an wundervolle Orte.
Sie machen meine Sehnsucht still.

Ich sing dir meine Poesie,
dein Lächeln wärmt mir das Gemüt.
Mein Herz geht vor dir auf die Knie,
genieße, dass es fast verglüht.

In unsrer Liebe spür ich neu,
dass es der Allumarmer ist,
der dich und mich – wie ich mich freu –
zu Liebesboten werden lässt.

46 Ein feste Burg

Ein feste Burg ist unser Gott,
ein Schutz in schweren Zeiten.
    Er sagt, ich dürfe jederzeit
    die Burgtore durchschreiten.

Es ist ein Ort der Gastlichkeit,
wo ich willkommen bin.
    Es zieht mich, wenn die Welt zu kalt,
    zum Burghoffeuer hin.

Ein feste Burg ist unser Gott,
ein Schutz in harten Zeiten.
    So lasst uns, wenn wir Kraft getankt,
    hinaus ins Weite reiten,
    sein Feuer wird uns leiten.

47 Wende zum Guten

Klatscht alle in die Hände,
ihr Menschen in der Welt,
    bei denen sich das Leben
    durch Gott hat aufgehellt.

Das wäre eine Wende
zum Guten in der Welt,
    wenn wir als seine Reben
    zusammen aufgestellt,

laut seine Lieder singen,
sehn ihn in allen Dingen
mit Augen, unverstellt.

48 Wo Gott wohnt

Gott wohnt auf einem hohen Berg
in unzugänglichen Gefilden,
   wo nur vom Kraut und Tier die wilden
   stehn unter seinem Augenmerk.

Wir denken noch nicht groß genug.
Gott größer denken, macht uns klug.

Gott wohnt in einer großen Stadt
mit tausend Türmen, tausend Toren.
   Er selbst hat sie sich auserkoren.
   Nur Zion ist ihm adäquat.

Wir denken noch nicht groß genug.
Gott größer denken, macht uns klug.

Gott wohnt in jedem Menschenherz.
Sein Ebenbild sind du und ich.
   Denn Jesus lebte nicht nur sich,
   erlöste uns, trug unsern Schmerz.

Wir denken noch nicht groß genug.
Gott größer denken, macht uns klug.

Gott war in Christus vor der Welt.
Er schuf das Licht, das All, das Leben.
Gott wohnt in dem, was er gegeben.
Das Universum ist sein Zelt.

Sieh an den Baum, den Vogelflug,
in allem Gott. So wirst du klug.

49 Über die Schwelle

Dem Gleichnis öffne ich mein Ohr,
im Hören und im Lesen,
    will dem Geheimnis auf die Spur,
    das alle Lebewesen
vom ersten Tage an umgibt:
Was ist es, das den Tod besiegt?

    Die einen suchen sich mit Geld
    vom Sterben freizukaufen;
vergessen, dass in dieser Welt
sie so vergeblich laufen.

    Den Stein der Weisen suchen heut
    in manch geheimer Lehre,
so viele blitzgescheite Leut
und laufen doch ins Leere.

    Auch ich bin nur ein Suchender,
    der sich dem Gleichnis öffnet;
ein Hoffnungsticket Buchender,
der mit dem Leben rechnet,
    das über alle Grenzen geht,
    weil Christus dafür selbst einsteht.

Doch wer den Tod besiegen will,
der arbeitet vergebens.
   Er ist doch auf dem Weg zum Ziel
   auch nur ein Teil des Lebens.

So lasst uns sinnvoll leben hier
in unsrer Erdenzeit.
   Und dann mit offenem Visier
   und mit Gelassenheit
den Schritt über die Schwelle gehn
ins Land, das wir heut noch nicht sehn.

50   Er spricht in meine Stille

Wenn ich mit mir ins Schweigen geh,
spricht er in meine Stille.
 Ich schließ die Augen und ich seh.
 So zeigt sich mir sein Wille.

Der Allumarmer singt sein Lied
uns unentwegt ins Herz.
 Doch wer vor diesem Liede flieht
 hält Gott für einen Scherz.

Und doch gehört ihm diese Welt.
Wir dürfen in ihr leben.
 Respekt und Dank ist das, was zählt,
 das können wir ihm geben.

51 Gib mir ein reines Herz

Ich liege am Boden, ich krieche im Staub
und schäme mich über die Maßen.
   Ich tappe bedrückt durch die Straßen,
denn alles in mir fühlt sich leer an und taub.

Ich habe die Liebe mit Füßen getreten.
Ich habe aufs Tiefste verletzt,
   verraten, betrogen, gehetzt.
   So such ich nach Mut und nach Worten zum Beten.

Du Tröster, du Mutter, nimm mich in die Arme
und gib mir ein reines, ein kindliches Herz.
   Vergib mir die Schuld und nimm von mir den Schmerz,
dass ich mich nun auch meiner Schuldner erbarme.

52 Herr der Lüge

Als Herr der Lüge trittst du auf,
und als gehörte dir die Welt.
In deinem ganzen Lebenslauf
bist du der einzige, der zählt.
Wer dir entgegen tritt, erlebt,
wie Macht, wie Ehrgeiz an dir klebt.

Mit deinen Mitteln kämpf ich nicht,
verkauf nicht meine Seele.
Das Fluchen bleibt auf lange Sicht
dir stecken in der Kehle.
Du bist von Ichsucht ganz zerfressen
und hast, was Liebe kann, vergessen.

In meinem Leben sollen Neid
und Missgunst keine Rolle spielen.
Mein Handeln soll zu keiner Zeit
auf Geld- und Machterhalt abzielen.
Dagegen möcht ich wirken schlicht
mit Glaube, Hoffnung, Zuversicht.

53 Vernebelte Sicht

Verhärtete Herzen, vernebelte Sicht,
verdunkelte Seelen und Geister,
    sie rufen sich zu: Einen Gott gibt es nicht!
    Sie werden nur stärker und dreister.

Leg denen das Handwerk, die schaden der Welt,
die ausbeuten, wo sie nur können,
    die rauben und raffen und scheffeln ihr Geld,
    die niemandem sonst etwas gönnen.

Nun zeig dich und steige vom Himmel herab,
gebiete dem Bösen doch Einhalt.
    Und brich über Hochmut und Dünkel den Stab,
    mach Schluss mit der dumm-dreisten Einfalt.

Auch wenn diese Haltung mein Leben bedrängt,
vertrau ich noch immer auf dich.
    Du hast mich auf friedliche Pfade gelenkt.
    Du hast mich mit Liebe und Demut beschenkt,
    kann leben geschwisterlich.

54 Am Lebenskelch nippen

Dein Name ist nicht nur ein Wort
auf unsren spröden Lippen.
Dein Name lässt in einem fort
am Lebenskelch uns nippen.

Er führt an einen guten Ort
ohn Sumpf und ohne Klippen.
Stattdessen heilt uns dieser Hort
das Herz unter den Rippen.

Du Allumarmer bist das Wort,
der Name und der gute Ort,
wirst unser Schicksal kippen.
Als unser starkes Zauberwort
führn wir dich auf den Lippen.

55 Wenn ich Flügel hätte

Öffne deine Ohren, Gott,
und öffne mir dein Herz.
Sie führn mich wieder zum Schafott,
freun sich in meinem Schmerz.

Ich höre nichts als ihren Lärm,
er gellt mir in den Ohren.
Er fährt mir wütend ins Gedärm,
ich fühl mich so verloren.
Sie treiben mit mir ihren Spott,
sind gegen mich verschworen.

Ach, wenn ich doch nur Flügel hätte,
würden meine Schwingen
mich schleunigst fort von dieser Stätte
und nach Hause bringen.
Dass ich in deinem Trost mich bette,
lass mir das gelingen!

56 Ich bin ihr Fußabtreter

Du, Gott, erbarm dich meiner,
ich werde hart bedrängt.
> Mein Mut wird immer kleiner,
> bald ist er ganz versenkt.

Du, Gott, erbarme dich!
Komm, lass mich nicht allein!
> *Ich bete eindringlich:*
> *Du wirst mein Retter sein.*

Ich bin ihr Fußabtreter
den lieben langen Tag.
> Ich höre ihr Gezeter.
> Es trifft mich Schlag auf Schlag.

Du, Gott, erbarme dich!
Komm, lass mich nicht allein!
> *Ich bete eindringlich:*
> *Du wirst mein Retter sein.*

Ich werde mich nun wehren.
Du gibst mir Kraft dafür.
Und das wird sie belehren:
Du bist mein Elixier!

Du, Gott, erbarme dich!
Komm, lass mich nicht allein!
Ich bete eindringlich:
Du wirst mein Retter sein.

57 Unter Löwen laufen

Im Schatten deiner Flügel kann ich ruhn.
Bei dir alleine werd ich Zuflucht finden,
und niemand kann mich deiner Hand entwinden,
selbst wenn das Leben stürmt wie ein Taifun.

Wie unter Löwen muss ich ängstlich laufen.
Sie starrn mich an und sind zum Sprung geduckt.
Wie oft hab ich am Leben mich verschluckt,
und elend mich gefühlt, ein kleiner Haufen.

Als meine Feinde dann zum Sturme bliesen,
da barg ich mich vertrauensvoll in dir.
Aus meinem kleinen Ich wurde ein Wir.
Du hast dich mir als Trösterin erwiesen.

58 Demokratie aus dem Denken verbannt

Eine Spur von Gewalt zieht sich durch unser Land,
führt Menschen in Angst und in Schrecken.
    Entpuppt sich als Krieg gegen jene am Rand,
    die sich unterscheiden, als „anders" erkannt,
geflohen, geoutet, verarmt und verbannt,
und jene, die helfend anecken.

Die Hetzer, sie hassen das Wort „tolerant",
    sie müssen sich nicht mehr verstecken.
Sie haben schon soviel an Erde verbrannt,
die Demokratie aus dem Denken verbannt,
    sie knüpfen am nationalistischen Band,
    und wollen ihr Urteil vollstrecken.

Hältst du noch die Menschen, die Welt in der Hand,
du Gott als den wir dich vorzeiten gekannt?!
    Kannst Du dir Propheten erwecken?!
    Und mutige Helden und Recken,
die kämpfen, sich einsetzen für unser Land,
die kommen mit Einsicht, mit Sinn und Verstand,
    die Frieden und Fairness bezwecken,
    den Geist der Gerechtigkeit wecken,
    in diesem noch unserem Land?!

59 Eiskalter Hauch

Abend für Abend, das Licht schon im Schwinden,
da ziehen die Ängste wie Söldner herauf.
Ich suche, die Angriffe so zu verwinden,
dass niemand ihn spürt, diesen eiskalten Hauch.

Es sind meine Feinde, die sich um mich scharen,
aus Tiefen der Seele erheben sie sich.
Die Schmerzen, die damals Verfehlungen waren,
vertreiben die Freude, verdunkeln das Ich.

Am heutigen Abend, da klopfen sie wieder
in guter Gewohnheit laut an meine Tür.
Bekenn dir die Schuld und ich knie vor dir nieder
und suche, mein Gott, heut Vergebung dafür.

60 Tote und im Anschlag ein Gewehr

Unser Land ist wieder tief erschüttert.
Tote und im Anschlag ein Gewehr.
    Kaum ist eine Meldung halb verwittert,
    trifft uns schon die nächste doppelt schwer.

Viele Seelen sind hier tief gespalten,
voller Aggression und voller Hass.
    Viele Herzen werden noch erkalten,
    gesellschaftlich ein schwerer Aderlass.

Zweifelnd und verzweifelt unsre Fragen:
Wo ist Gott in Trauer, Not und Leid?
    Hört er unser Weinen, unser Klagen?
    Bringt er unserm Land Gerechtigkeit?

Hilf, uns aus dem Schneckenhaus zu wagen!
Bringe Frieden, ist der Weg auch weit!
    Spann uns ein, ihn in das Land zu tragen!
    Erweise dich als Gott in unsrer Zeit!

61 Ruf vom Rand der Erde

Vom Rand der Erde rufe ich zu dir.
Ich stehe hier allein auf weiter Flur.
   Vom Abgrund trennen mich zwei Schritte nur.
   Ich schreie still, ja ich verzweifle schier.

Höre mein Gebet, du guter Geist,
die Worte, denen sich mein Mund verweigert,
   das Leid, das meine Stummheit noch gesteigert.
   Ich trau darauf, dass du den Ausweg weißt.

Halte meinen Fuß vom Abgrund fern.
Führ mich sachte weg vom Rand der Welt.
   Berge meinen Geist in deinem Zelt.
   Im Schatten deiner Flügel bin ich gern.

62 Ich strecke die Flügel

Ich stille die Stürme in meinem Gemüt,
leg Ruhe in meine Gedanken.
Lebendig wie Pferde in ihrem Gestüt,
so spiel'n sie und tanzen und zanken.

Doch in deiner Nähe, da finde ich Halt,
da kommt meine Seele zur Ruhe,
verjüngt sich, was alt ist, erglüht, was schon kalt,
werd frei von dem leeren Getue.

Ich strecke die Flügel, entspanne den Geist
und fühle mich in dir geborgen.
So ist meine Seele nach Hause gereist,
entwunden den täglichen Sorgen.

63   Ein Tropfen Trost

Du Geist, der diese Welt durchwirkt,
du Tröster müder Seelen.
    Du fehlst mir so, ich brauche dich,
    das will ich nicht verhehlen.

Ein Tropfen nur von deinem Trost
macht meine Seele glücklich.
    Und wenn du meinen Geist berührst,
    dann wird mein Tag erquicklich.

Noch schmachte ich, noch dürste ich
nach dir und deinen Gaben.
    Doch bald schon werd ich mich gewiss
    an deiner Liebe laben.

64 Aus der Deckung schießen

Aus der Deckung schießen sie auf mich,
finden mich an meinen dunklen Orten,
    treffen und verletzen mich mit Worten,
    vor denen ich mich fürchte innerlich.

Tief in mir formieren sich die Feinde,
ihre Fallen heimlich zu verstecken.
    Meist gelingt's mir nicht, sie zu entdecken.
    So traue ich mich nicht in die Gemeinde.

Aus der Tiefe rufe ich zu dir.
Du mein Tröster, heile meine Seele,
    heile und befrei auch meine Kehle.
    Verjag die inn'ren Feinde jetzt und hier.

65 Mein Schweigen ist ein Lobgesang

Mein Schweigen ist ein Lobgesang,
wenn du auf meinen Saiten spielst,
weil ich dich schweigend hören kann
und du so auf mein Staunen zielst.

Was du geschaffen, Schöpfergott,
was du ins Dasein rufst,
was du vorzeiten hast erdacht,
was du noch gestern schufst,

die Wunderwerke meiner Welt,
die sich mir täglich zeigen,
sie lösen tiefe Ehrfurcht aus
und ich kann staunend schweigen.

Mein Schweigen ist ein Lobgesang,
wenn du auf meinen Saiten spielst,
weil ich dich schweigend hören kann
und du so auf mein Staunen zielst.

66 Fegen durch die Seelenräume

Du fragst, warum ich immer noch
auf unsern Gott vertraue?
    Warum ich nach so langer Zeit
    noch auf sein Wirken baue?

Weil er vorzeiten schon gezeigt
hat, dass er Leben rettet,
    und Menschen gern in Freiheit führt,
    die vorher angekettet.

Und weil er heute immer noch
das Meer uns trocken legt,
    mit seinem Segen heilsam durch
    die Seelenräume fegt.

Du fragst, warum ich immer noch
auf unsern Gott vertraue?
    Mein Leben treibt und blüht, wenn ich
    auf seinen Segen baue.

67 Mit dem Herzen verstehen

Gott segne und behüte uns
und lass uns sicher gehen.
    Wem leuchten wird dein Angesicht,
    wird mit dem Herz verstehen.

Ersichtlich wird für alle Welt,
dass du der Tröster bist,
    aus dessen Händen Segen fließt,
    wenn er erfahrbar ist.

So lass uns leuchten dein Gesicht,
den Segen lass uns spüren.
    Dann kannst du alle Welt getrost
    in deine Zukunft führen.

68 Wen Gott besucht

Die einen denken Gott in fernen Himmeln,
für ihren Alltag gar nicht relevant.
   Dort möge er verstauben und verschimmeln,
   so sprechen sie und haben nichts erkannt.

Die andern halten Gott für die Kontrolle,
die ihre Eltern schon in ihm gesehn.
   Er spiele beim Erziehen seine Rolle.
   Doch sind sie umso ferner vom Verstehn.

Und wieder andre nutzen seinen Namen,
den eignen Zwecken Nachdruck zu verleihn.
   Sie tun gern fromm und sagen häufig „amen".
   Doch Gott bleibt für sie nur ein schöner Schein.

Recht viele glauben nur, was sie auch sehen.
Was weiter geht, sei Kapitulation.
   Denn wissenschaftlich müsse man verstehen.
   Für sie bleibt Gott nur eine Illusion.

Doch wer sich wirklich anschickt, ihn zu suchen,
und wer ihm seine Herzenstür aufmacht,
   ja solche Menschen, die kommt Gott besuchen,
   umwerfend manchmal, meist jedoch ganz sacht.

>

Ein Tröster wird er denen, die sich grämen,
für andere ein Licht in Dunkelheit.
Befreier wird er denen, die sich schämen,
in Not, verurteilt und in Einsamkeit.

Uns allen ist er Quelle unsrer Zeit,
aus ihm fließt Zukunft in Vergangenheit.
Gott schenkt sich uns, wenn wir für ihn bereit,
bergauf, bergab, mit sicherem Geleit.

69　Ich öffne heut ein Fenster

Das Wasser steht mir bis zum Kinn.
Ich kann mich kaum bewegen,
　　nicht setzen mich, nicht legen,
　　weil ich in Angst gefangen bin.

Und niemand kommt und findet mich,
kann meine Not erreichen,
　　den Kloß im Hals erweichen,
　　sie alle lassen mich im Stich.

Ich sammle letzte Seelenkraft
und öffne heut ein Fenster
　　trotz meiner Angstgespenster,
　　ruf Gott, dass er mir Hilfe schafft.

Ich schrei nach dir, ich fleh dich an,
Gott meiner Kindertage,
　　sieh mich und meine Lage
　　und nimm dich meiner helfend an!

Ich höre die höhnischen Stimmen,
sie spotten und lachen mich aus.
Es dauert noch, bis sie verklingen,
sie machen mir fast den Garaus.

Du kannst es nicht, hör ich sie sagen.
Du bist viel zu schwach und zu schlecht.
Ich höre, wie sie mich verklagen,
sind ständig mit mir im Gefecht.

Die inneren Stimmen beschneiden
die Freude, die Kraft und das Glück.
Sie lassen mich lange schon leiden.
Ab heute, da kämpf ich zurück.

Denn Gott spricht auf andere Weise.
Er tröstet mich: Alles wird gut.
Begleitet mich auf meiner Reise.
Verzage ich, macht er mir Mut.
Ich halte mich in seiner Hut.

71 Durch dick und dünn

Gott, sei mein Hort, sei mein Versteck,
mein Ort, an dem ich Zuflucht find.
Denn nach wie vor vertrau ich blind
auf dich, du Quelle, Ziel und Zweck.

Von Jugend an bist du mein Freund,
der mich stets gut begleitet hat
durch dick und dünn, durch Land und Stadt,
hast schützend meinen Weg umsäumt.

Und nun, da mich das Alter hat,
blick ich auf unsre Freundschaft gern
und liebevoll zurück und lern,
dass du mich trägst, bin ich auch matt.

72 In Machtfragen erziehen

Wer Macht in seinen Händen hält,
Entscheidungsträger heißt,
  muss sich bewähren in der Welt
  mit aufrichtigem Geist.

Mit Frieden und Gerechtigkeit
macht er sich einen Namen.
  Sein Herz schlägt nicht im Geist der Zeit,
  es schlägt stets für die Armen.

Wo Liebe und Verantwortung
zu Leitungsgaben zählen,
  dort wird man gerne und mit Schwung
  stets gute Leute wählen.

Wer Macht in seinen Händen hält,
dem ist sie nur geliehen.
  So lasst euch von dem Herrn der Welt,
  der uns erst in die Welt gestellt,
der statt der Macht die Liebe wählt,
in Machtfragen erziehen.

73 Blume im Asphalt

Es schmerzt, dass viele Menschen dich vergessen
und all dein gutes Wirken ignorieren.
    Doch andere sind darauf ganz versessen,
    sich selbst mit dem, was du bewirkst, zu zieren.

Sie tragen ihren Stolz wie eine Kette
und hüllen sich in Mäntel von Gewalt.
    Sie üben Macht in jeglicher Facette
    und legen manchen üblen Hinterhalt.

Doch du, mein Gott, du lässt die Wolken ziehen.
Mit dir durchbricht die Blume den Asphalt.
    Du lässt die Ängste deiner Beter fliehen.
    Und denen, die dich brauchen, gibst du Halt.

Ich wünschte mir, du zeigtest deine Macht
ganz offen, und für alle Welt zu sehen.
    Doch wirkst du im Verborg'nen, fein und sacht.
    Hilf mir, dich immer tiefer zu verstehen.

74 Der braune Terror wächst

In Schutt und Asche liegen ganze Straßen,
die Autobombe fordert ihren Preis.
Schockiert, erschüttert über alle Maßen
fragt man: auf wessen Order und Geheiß?

Ein hasserfüllter Mann greift zu den Waffen,
die radikale Hetze macht ihn blind.
Ein rechtes Netzwerk möchte die bestrafen,
die andersfarbig, andersgläubig sind.

Vor kurzem erst, da brannten Synagogen,
da ging der Naziterror durch das Land.
Das Volk wurde in großem Stil betrogen,
man übte nur vereinzelt Widerstand.

Am Ende war's millionenfaches Sterben,
ein Elend, das sich nicht mehr messen lässt;
und Enkel, die Verantwortungen erben.
Der neue Hass ist jetzt ein Härtetest.

So schließt euch nun zusammen, alle Leute,
die tolerant und guten Willens sind.
Wir müssen uns vereinen hier und heute.
Der braune Terror wächst wieder geschwind.

75 Dein Name, meine Melodie

Dein Name ist mir nahe,
er lichtet meinen Sinn.
    Er lacht auf meinen Lippen,
    weil ich dein eigen bin.

Und reichst du mir den Becher,
der streng und bitter schmeckt,
    bist du es doch, der wieder
    den neuen Tag mir weckt.

Dein Name ist mir nahe,
ist meine Melodie.
    Sie zieht sich durch mein Leben.
    Dies Lied, es endet nie.

76 Du machst den Krieg bankrott

Du bist die Mutter Erde,
die Saat und Ernte liebt,
und die das Wachsen gibt,
auf dass es Wohlstand werde.

Du bist ein Friedensgott,
willst Pflugscharen statt Schwerter,
willst Menschen liebenswerter,
du machst den Krieg bankrott.

Du Trösterin der Armen,
in dir können wir ruhn.
Und dann das Gute tun.
In deinem Namen. Amen.

77 Gestalt in Raum und Zeit

Wer hat deine Spur erkannt
im Dunkel der Geschichte?
Wer ist deiner Spur gefolgt
hinein ins hellste Lichte?

Wie kommt es, dass der Schöpfer selbst
sich zu uns Menschen neigt,
in Raum und Zeit Gestalt annimmt,
sich seiner Schöpfung zeigt?

Wir haben deine Spur erkannt,
denn du willst sie uns zeigen.
Du findest Wege uns ins Herz.
Du machst dich uns zu eigen.

78 Mit den Eltern fängt es an

Erzählt euren Kindern vom Gott eurer Mütter,
den Gott eurer Väter macht ihnen bekannt.
 Gebt weiter, was ihnen und euch widerfahren
 vom Vater des Lebens, der Mutter der Erde,
der tröstenden Weisheit, vom Hirten der Herde,
wie immer ihr Gott habt beim Namen genannt.

Denn viel zu oft geht das Geheimnis verloren
und ohne Gott wachsen die Kinder heran.
 Doch wenn sie Geschichten des Glaubens erfahren,
 dann können sie deuten, ihr Leben verstehen,
und eigene Schritte im Glauben erst gehen.
Mit euch, ihren Eltern, da fängt alles an.

Wofür stehst du mit deinem Namen ein?
Was können wir von unserm Gott erwarten?
Sind unsre Wünsche denn zu groß? Zu klein?
Und schweigst du, wenn sie selbstsüchtig entarten?

Wir haben oft an dir vorbei gebetet,
gehofft, gefleht, dass du dich offen zeigst.
Von unsern Kanzeln haben wir trompetet,
dass du allmächtig bist, dass du nicht schweigst.

Du lässt dich nicht in Gottesbilder zwingen,
die wir uns nach und nach so schön gemalt,
die unsern eignen Phantasien entspringen,
in denen unser eignes Weltbild strahlt.

So ist es an der Zeit, dich neu zu suchen,
ganz frei von jedem alten Gottesbild.
Ganz leer zu werden, das lasst uns versuchen,
damit uns Gott mit seinem Geiste füllt.

So komm, und mach dich auf in unser Leben.
Wir brauchen dich in unsrer dürren Zeit.
Wir öffnen Herz und Sinn. Magst du uns geben
von deiner Weisheit, deiner Zärtlichkeit?
Von deiner menschgeword'nen Wirklichkeit?

80 Wir teilen deine Gaben

Wir freuen uns an deinem Trost
und teilen deine Gaben.
    Du hast uns Herz und Sinn liebkost,
    wenn wir gesungen haben.

Im Gottesdienst, da segnest du
uns in besondrer Weise.
    Wir öffnen uns und hören zu,
    denn oft sprichst du nur leise.

An deinem Weinstock sind wir dir
ganz nah als deine Reben.
    Im Miteinander finden wir
    gemeinschaftliches Leben,
und können weitergeben
deinen Trost.

81 Unser Moll durchkreuzen

Wenn wir dich öfter loben und dich feiern,
dann werden vor den schönen Melodien
    auch unsre eignen Traurigkeiten fliehen.
Doch summen wir zu gern die alten Leiern.

Wie wär es, wenn wir unser Moll durchkreuzen,
stattdessen Gottes Liebeslieder hören,
    die unsere Gewohnheiten aufstören,
    und die zu neuer Achtsamkeit uns reizen.

Wir werden neue Liebeslieder singen.
Wir werden Baum und Blume neu verstehen.
    Wir werden Gott in seiner Schöpfung sehen.
    Und in uns wird ein neues Lob erklingen.

Wer meint, auf Gottes Wegen unterwegs zu sein,
der mag das eigne Handeln überprüfen,
   bereit, die eigne Weisheit zu vertiefen.
   Denn Gottes Wege gehn, heißt wahrhaft Mensch zu sein.

Der Weg zu Gott führt uns zu jedem Flüchtlingskind,
zu jeder Frau, die unterdrückt, geschlagen wird,
   zum Obdachlosen, der heut durch die Straßen irrt,
   zu allen Menschen, die in Leid und Trauer sind.

Es kostet uns den Stolz, auf Gottes Weg zu sein.
Es kostet allen Hochmut, allen Dünkel.
   Gott fegt das Ego fort aus jedem Winkel.
   Und Liebe wächst in uns mit jedem Meilenstein.

83 Wirble sie im Kreis umher

Zerstreue deine Widersacher.
Wirble sie im Kreis umher,
    so finden sie den Weg nicht mehr.
    Und sei du mein Bewacher.

Bekämpfe deine Feinde, Gott.
Der Ichsucht mache den Garaus.
    Treib Stolz und Hochmut aus dem Haus.
    Jag Hass und Bosheit aufs Schafott.

Und dann bring deine Freunde mit.
Für sie will ich gern gastlich sein.
    Lad Glaube, Hoffnung, Liebe ein.
    So sing ich dir ein neues Lied.

84 Der sechste Sinn

Wie schön sind deine Wohnungen, mein Gott,
die Orte, wo ich dich erfahren konnte,
    an denen du mir spürbar nah gekommen
    als Licht, in dem ich ruhte und mich sonnte.

Dort nimmst du mir den Schleier von den Augen,
und ich darf dir von Mensch zu Gott begegnen.
    Den sechsten Sinn, den füllst Du mir mit Staunen.
    Dort bin ich Kind und lass mich von dir segnen.

Für manche ist es eine schöne Kirche.
Für andre ist es eine Bank im Wald.
    Für wieder andere ein fernes Kloster.
    An Herzensorten finden Menschen Halt.

So geh ich innerlich auf Pilgerreise,
besuche diesen Hort, sooft ich kann,
    erst in Gedanken und in meinen Träumen,
    doch dann als Wandersfrau, als Wandersmann.

85 Ein Leben in Liebe riskieren

Mit gütigen Augen blickt Gott auf das Land,
er freut sich an Menschen und Tieren.
Geschöpfliches Leben fließt ihm aus der Hand.
Doch will er uns nicht dominieren.

Gott wendet die Herzen auf zärtliche Art,
sucht Menschen, die hörn und verstehen.
Mit denen, die glauben, geht er an den Start.
Sie dürfen die Zukunft schon sehen.

Gerechtigkeit, Frieden, dort küssen sie sich,
und Heil zieht sich über das Land.
Das Glück kommt zu allen, lässt keinen im Stich,
und Gott wird von allen erkannt.

Mit geistigen Augen sehn wir auf das Land.
Gott lässt uns den Frieden schon spüren.
So lasst, bis er kommt, uns mit Herz und Verstand
ein Leben in Liebe riskieren.

86 Im Stechschritt durch die Straßen

Im Boden der Gesellschaft schießt ein Unkraut auf.
Es nährt sich von Verwirrung, Angst und Zweifeln.
Es übt sich, alles Fremde zu verteufeln.
Und gierig wächst es in die Politik hinauf.

Hasserfüllt und wütend und gewaltbereit,
so tritt sie wieder auf, die braune Masse,
marschiert im Stechschritt durch so manche Straße.
Nicht einmal Parlamente sind von ihr gefeit.

Zersetzen will sie Toleranz und Mitgefühl.
Die Menschenrechte tritt sie mit den Füßen.
Wer anders glaubt und aussieht, lässt sie büßen.
Das Leid, das sie verursacht, lässt sie gänzlich kühl.

Gott gib uns Kraft und Mut, um heute aufzustehn
für eine Welt, wo jedes Leben zählt,
wo Kirche stets die Nächstenliebe wählt.
Hilf uns, zu widerstehen und auf dich zu sehn.

87 Kraftorte

Es gibt so manchen Kraftort auf der Erde,
an dem erfahrbar wird: Gott ist ganz nah.
  Die Grenze, die uns trennt, ist nicht mehr da.
  Dort bin ich gern ein Schaf in seiner Herde.

Denn alle Menschen sind dort höchst willkommen.
Und Menschen aller Länder pilgern hin.
  Sie suchen Einkehr, Wegweisung und Sinn,
  die Suchenden, die Zweifler und die Frommen.

Nach einer Weile kehren wir zurück,
erleben das Zuhause plötzlich neu,
  denn wir sind selber inspiriert und frei.
  So wachsen wir am Leben Stück für Stück.

88 Wölfe vor der Tür

Ich fühle mich kraftlos und matt
und komme mir vor wie geschlagen.
    Das Leiden, ich hab es so satt.
    Zu lange hab ich's schon ertragen.

Am Tage, da ruf ich zu dir
und fleh immer wieder um Hilfe.
    Des Nachts steh ich vor deiner Tür,
    mich jagen die Schmerzen wie Wölfe.

Inzwischen komm ich an mein Ende.
Was in mir noch kämpft, kommt zur Ruh.
    Ich warte nun still auf die Wende.
    Die Heilung, mein Gott, die bist du.

89 Die Seele des großen Konzerts

Im Kreis der Geschöpfe, der Menschen, der Tiere
bist du, Gott, der Rhythmus, das Leben, das Herz.
Im Chore der Engel, der himmlischen Wesen,
bist du, Gott, die Seele des großen Konzerts.

Tief unten im Dunkel der fruchtbaren Erde,
da brummst du das eine, das uralte Lied.
Im Spiel der Planeten, der Sonnen, der Monde,
da summst du ins Leben, was immer geschieht.

Denn du bist das Lied, das die Welten erschuf,
die alles verbindende Liebe.
Du setzt mich als Mensch in dein Schöpfungskonzert,
dass ich mich im Liebeslied übe.

90 Sternenstaub

Bevor wir Menschen in die Schöpfung traten,
von deinem Wort gerufen in die Welt,
    da warst du schon das große Himmelszelt,
    und allem gabst du deinen Lebensatem.

Wir Menschen sind ein Teil im Kreis des Lebens.
Am Ende nimmt die Erde uns zurück.
    Das Leben ist ein kurzer Augenblick.
    Und manchem scheint das Lebenswerk vergebens.

Zu Staub wird unsre körperliche Hülle.
Doch unsre Seelen sind vom Staub der Sterne.
    Der uns das Leben schenkte, nimmt es gerne,
    verwandelt es zu einem Sein in Fülle.

Wir wissen es, begrenzt sind unsre Tage,
begrenzt die Zeit auf diesem blauen Stern.
    Aus deiner Hand, da nehmen wir ihn gern,
    den Augenblick des Lebens, keine Frage,
    und geben ihn dir wieder ohne Klage.

91 Engelsflügel über uns

In deinem Schatten darf ich übernachten.
Denn Du hältst deine Flügel über mir.
Den Segen, den mir nachts die Engel brachten,
den bringe ich des Tages aufs Papier.

Ich lebe dankbar unter deinen Schwingen.
Ich gehe meinen Weg in deiner Hut.
Du lässt mich tanzen, lässt mich fröhlich singen.
Darf heute glauben: Es wird alles gut.

Das Lebenslicht ist eine helle Flamme,
die du in jedem Wesen brennen lässt.
Dein Schutzengel, der ist wie eine Amme,
er fängt uns, fallen wir aus Gottes Nest.

Doch wissen wir, das Leben ist zerbrechlich,
und manches Licht, das flackert stark im Wind.
Wir sehen Leid, das ist fast unaussprechlich.
Nicht alle fühl'n, dass sie geborgen sind.

Wir bitten daher, sage deinen Engeln,
dass sie mit uns durch Sturm und Regen gehn.
Dass sie uns Wege zeigen, doch nicht gängeln,
dass sie uns schützen, wo wir gehn und stehn.

92 Aufwachen in deinem Morgenklang

Wenn wir dir singen, spüren wir, du stimmst mit ein.
Wir nehmen teil an deiner Harmonie,
sind Instrumente deiner Symphonie.
In deinem Schöpfungslied ist niemand mehr allein.

Wenn wir dir danken, wünschen wir, dass du dich freust.
Auch unsern Seelen tut das Danken gut,
stärkt die Gemeinschaft und gibt neuen Mut.
Und wir erleben, wie du uns die Angst zerstreust.

Wenn wir uns öffnen, willst du unser Segen sein.
Der Tag kehrt ein, wir gehen auf Empfang.
Wir wachen auf in deinem Morgenklang.
Wir leuchten dir, denn du bist unser Sonnenschein.

93 Wellen stürmen Deiche

Auf Erden gehn die Wellen hoch,
sie stürmen unsre Deiche.
Das Leben hält uns fest im Joch
vom Kindbett bis zur Leiche.

Wer glaubt noch an den fernen Gott,
der oben wohnt, im Himmel?
Wer hält den Lebens-Dampfer flott?
Ist Glaube nur ein Fimmel?

Seit Gott ein Mensch geworden ist,
seitdem kennt er das Leben.
Er lebte es in Jesus Christ,
er hat sich selbst gegeben.

Auf Erden gehn die Wellen hoch,
das Leben ist bedroht.
Doch Gott nahm auf sich selbst das Joch
und wendete die Not.

Kehrt um und glaubt es doch:
Er überwand den Tod.

94 Lass es regnen Hirn

Wer erfand die Rache?
Der Schöpfer war es nicht.
Wer Hochmut? Wer die Ehre?
Es war der Mensch, der schlicht
die Liebe fallen ließ,
damit die Feindschaft siegte,
sodass man sich seitdem,
bekämpfte und bekriegte.

Wann kommt er zur Vernunft?
Das kann noch lange dauern.
Nur wenige erstiegen
des Egoismus Mauern
und überwanden sie.
Die meisten sind eh'r schlicht.
Sie zahln mit gleicher Münze.
Sie tun's und lernen nicht.

Den Himmel öffne, Gott,
und lass es regnen Hirn.
Hilf denen guten Willens,
dass sie endlich die Stirn
all denen bieten können,
die hochmütig und stolz.
Die Macht gibt denen, die
geschnitzt aus gutem Holz.

95 Gott atmet und dichtet

Auf, auf, lasst uns loben! Nun auf, lasst uns singen!
Wir freun uns am Leben, das Gott uns geschenkt.
   Wir lassen zusammen die Stimmen erklingen
   für Gott, der uns stetig mit Gutem bedenkt.

Die Fische, sie schwimmen, die Vögel, sie schwingen,
die Welt lebt in dem, der die Schritte uns lenkt.
   Ihn lassen wir gern unser Leben durchdringen.
   Kein andrer, an dem unser Herz fester hängt.

Gott atmet und dichtet in jeglichen Dingen.
Er reicht uns die Hand, die uns hält, die uns fängt;
   ist alles in allem, nichts kann ihn bezwingen.
   Er sucht und er findet, was fern und versprengt.

96 Ein Ton in seinen Chören

Spielt und singt ein neues Lied,
lasst hören eure Stimmen,
    dass sie in Gottes großer Suite
    in Harmonie verschwimmen.

Für ihn, der unser Tröster ist,
in dem wir gehnn und leben;
    für sie, die unser nicht vergisst,
    lasst unsre Stimmen heben!

Gott hat die Erde gut gemacht
und schuf den Kreis des Lebens.
    Gott gibt auf seine Kinder acht,
    wir singen nicht vergebens.

Spielt und singt ein neues Lied,
lasst eure Stimmen hören.
    An Gottes Leib sind wir ein Glied,
    ein Ton in seinen Chören,
    weil wir zu ihm gehören.

97 Verborgen in der Zeit

Sie sagen mir, Du, Gott, seist unzugänglich,
hältst dich in dichten dunklen Wolken auf,
hast Feuer, Sturm und Blitz in deinem Lauf;
mich dir zu nähern, sei ich unzulänglich.

Und auch für mich bist du der große Schöpfer.
Aus deinem Wort wurd Licht und wurde Land.
Die ganze Erde lebt aus deiner Hand.
Wir Menschen sind der Ton und du der Töpfer.

Doch immer wieder kommst du mir ganz nahe,
streckst deine Hände zärtlich nach mir aus.
Bist nicht nur machtvoll, bist auch mein Zuhaus,
auf dass ich beides ganz in dir bejahe:

Du schenkst mir Frieden, gibst Geborgenheit.
Und bist doch auch verborgen in der Zeit.

98 Das Schöpfungslied singen

Ein neues Lied singt unserm Gott
und stimmt alle mit ein!
   Ihr Flüsse, klatscht, ihr Meere, rauscht,
   es soll ein Jubel sein!

Ihr Täler, lasst die Blumen blühn!
Ihr Berge, zeigt die Klippen!
   Ein schönes Wald- und Wiesenlied
   komm über eure Lippen!

Ihr Tiere, singt, ihr aus dem Meer,
vom Land und aus der Luft!
   Ihr Menschen, hört die Melodie,
   kommt singend aus der Kluft!

Und stimmt mit ein in diesen Song,
in dieses Schöpfungslied!
   Gott braucht uns in der Schöpfung als
   aktives Bindeglied!

99 Es geht ein Riss

Es geht ein Riss durch diese Welt,
die Erde droht zu schwanken.
　　Das Schöpfungsgleichgewicht fängt an
　　zu wackeln und zu wanken.

Bevor er aus dem Rhythmus geht,
der Kreislauf allen Lebens,
　　gilt es zu handeln, kein Verzug,
　　sonst laufen wir vergebens.

100 Ein Sonnenguss

Die Sonne steigt als roter Ball
den Horizont hinauf.
    Sie bringt ihr Licht mit Überschall,
    führt uns den Tag herauf.

Begrüßen wir in ihrem Licht
den, der den Tag uns schenkt.
    Ein Dankgebet, gern kurz und schlicht
    dem, der die Schritte lenkt.

So setzen wir ein schönes Plus
vor jeden unsrer Tage.
    Von Glück und Freude kommt ein Schuss
    in unser Glas, ein Sonnenguss,
    und lichtet unsre Lage.

101 Auf Gottes Wegen gehen

Von den guten Kräften will ich singen,
    von Ehrlichkeit, Wahrhaftigkeit und Treue,
bereit zu sein zur Umkehr und zur Reue,
    all das bringt unsre Menschlichkeit zum Klingen.
Ich weiß, dass viele böse Reden schwingen.
    Mit Lügen handeln sie, mit Bauernschläue,
bereichern immer wieder sich aufs Neue.
    Wir müssen deshalb mit dem Bösen ringen,
uns helfen aus der Fallensteller Schlingen,
    uns stärken in gemeinschaftlicher Treue,
    auf Gottes Wegen gehn vor allen Dingen.

102 Auf dem Weg ins Nirgendwo

Warum kann ich dich nicht mehr sehn,
nicht spüren deine Nähe?
   Es ist, als ob ich dein Wort hör,
   doch nichts davon verstehe.

Ich fühl mich einsam wie ein Kauz
in nächtlichen Ruinen,
   wie auf dem Weg ins Nirgendwo
   auf unbekannten Schienen.

Mein Geist hat keinen Funken mehr,
mein Leib ist matt und schwach.
   Das Seelenhaus ist öd und leer,
   Verzweiflung tropft durchs Dach.

Das schönste Essen schmeckt nach Staub,
nach Tränen jeder Becher.
   Was Leib und Seele brauchen, flieht,
   denn überall sind Löcher.

Lass mich nicht vor die Hunde gehn,
hol mich zurück ins Leben.
Bist du es doch, der mir zuvor
das Leben selbst gegeben.

Lass meine Augen wieder sehn
und hören meine Ohren.
Gib mir erneut am Leben teil,
an deiner Hilfe, deinem Heil,
gib mich noch nicht verloren!

103 Das Glück in der Kehle

Komm, meine Seele, schwing dich auf
und stimm ein Loblied an,
    weil mir das Glück nicht in der Kehle
    steckenbleiben kann.

Gott füllt mit seinem Segen mir
das Herz und den Verstand.
    Ich bin so froh, dass er den Weg
    in meine Seele fand.

Das Gute, das er mir geschenkt,
das will ich nie vergessen.
    Von seiner ausgestreckten Hand,
    da will ich nicht mehr lassen.

Die Schuld, die an mir haftete,
die hat er mir vergeben.
    Ich tanke neue Lebenskraft,
    von der darf ich nun leben.

104 In allem dein Herzschlag

Ein Mantel aus Licht, gewebt dicht an dicht,
umgibt uns, umstrahlt den Planeten.
    Dann nimmt sie die Sicht, die wolkige Schicht.
    Das Schauspiel lässt staunen und beten.

Wir waren noch nicht, da schufst du das Licht,
Du sprachst nur ein Wort, es geschah.
    Vom Vergissmeinnicht über Riesen zum Wicht,
    du gabst deinen Hauch, sie warn da.

Ersehen wir nicht dein Angesicht
in allem, was lebt und was webt?
    Erheben wir dich in Ehrfurcht schlicht!
    In allem dein Herzschlag, der bebt.

105 Wenn draußen Stürme toben

Kommt mit eurem Dank zu Gott,
weil er euch gut begleitet!
　Hat er euch nicht in schwerer Zeit
　an seiner Hand geleitet?

Singt ein Lied, wir wollen Gott
von ganzem Herzen loben!
　Ist er nicht unser Ruhepol,
　wenn draußen Stürme toben?

Sprecht von seinen Wundern laut
und haltet nichts zurück!
　So werden wir empfänglicher
　für gottgeschenktes Glück.

106 Gott ist fein

Gott ist gut. Was er tut,
entzieht sich unsren Sinnen.
Er hält das Leben in der Spur
und lässt es nicht verrinnen.

Gott ist groß. Wenn wir bloß
ein wenig von ihm sähen,
wir würden ihn als Lebenskraft
in aller Welt erspähen.

Gott ist fein; macht sich klein,
er blüht in jeder Blüte.
Und jedes Sandkorn, jedes Tier
erzählt von seiner Güte.

Gottes Sein hüllt uns ein,
hält dich und mich am Leben.
Er stellt uns ein in seinen Dienst,
auf dass wir Liebe geben.

107 Wünsche für das Leben

Gott gibt uns Menschen Wegweiser,
wenn wir die Spur verloren.
　　Öffnen wir nach innen unsre
　　Augen, unsere Ohren!

Gott gibt uns Menschen Nahrung,
wenn wir ausgehungert sind,
　　wenn Geist und Seele dürsten,
　　denn er ist uns wohlgesinnt.

Gott gibt uns ein Gedächtnis für die
Wege, die wir gingen.
　　In der Erinn'rung sehen wir
　　so vieles schon gelingen.

Gott lässt uns Menschen träumen,
schenkt uns Wünsche für das Leben.
　　Er wird uns, was wir brauchen, gern
　　mit vollen Händen geben.

108 Das Morgenrot wecken

Das Morgenrot, ich will es wecken,
will Farbe sehn im neuen Tag.
   Ich möchte Gott darin entdecken,
   weil er das Licht zu sein vermag,
das meine Tage heller macht,
das bunt in meine Träume lacht.

   Ich brauche mich nicht zu verstecken,
   denn Gottes Licht, es findet mich.
Ich muss mir nicht die Wunden lecken,
denn es entblößt, entstellt mich nicht,
   es wärmt und heilt dagegen sacht,
   sei es am Tag, sei's in der Nacht.

109 Wie ein ausgedörrter Hund

Schweige nicht zu meiner Klage.
Gott, du bist mein Heil.
Mein ganzes Leben steht in Frage,
tief darin ein Keil.

Mit falscher Zunge reden sie
und führn mich ständig vor.
Und Schadenfreude pflegen sie,
ihr Hass liegt mir im Ohr.

Mein Gott, nun komm und schweige nicht,
komm als gerechter Richter.
Hier kenn ich keine Schweigepflicht,
ich ruf dich an als Schlichter.

Denn wie ein ausgedörrter Hund
schleich ich mich durch die Gassen.
Ich fühl mich lächerlich und wund,
doch will ich dich nicht lassen.

Und wirke ich auch lächerlich
auf viele Menschen hier,
behandelt man doch sicherlich
so weder Mensch noch Tier.

Mein Gott, nun komm und rette mich
und stell mich auf die Beine.
Ich halte mich doch stets an dich,
bin immer noch der deine.

110 Kraft der Morgenröte

Der Schöpfer und Erhalter dieser Erde,
er hat auch dich in diesen Tag gesetzt,
hat mit dem Tau des Morgens dich benetzt,
dass seine Gnade deine Freude werde.

So schöpfe Kraft aus seiner Morgenröte,
auf dass du täglich neu geboren wirst,
auf dass du täglich seine Stimme hörst,
entledigt aller Sorgen, aller Nöte.

Erledige dein Tagewerk gelassen,
und ruh dich zwischendurch zuweilen aus,
und wisse, du bist auf dem Weg nach Haus,
die Wege, die du gehst, sind seine Gassen.

111 Licht umgibt dich ganz

Wenn wir an dich denken, Gott,
erinnern wir dein Tun,
vorzeiten und auch nun.

Wenn wir dich erspüren, Gott,
dann sehn wir dich im Glanz.
Und Licht umgibt dich ganz.

Wenn wir zu dir beten, Gott,
erwärmst du uns das Herz.
Es fliehen Angst und Schmerz.

Wenn wir Lieder singen, Gott,
schenkst du uns Harmonie
in deiner Symphonie.

Weil wir an dich glauben, Gott,
erfahrn wir uns geschützt,
was unserm Frieden nützt.

Dass wir dir vertrauen, Gott,
das schenkt uns Kraft und Mut,
und tut uns wirklich gut.

Während wir dich suchen, Gott,
suchst du uns selber auf,
und segnest unsern Lauf.

112 Menschen mit freundlichem Herz

Im Dunkel ein Licht ist ein Helfer in Not.
Gesegnet, wer spendet den Armen.
    Wer freigebig handelt, der kennt dein Gebot,
    Wer Gutes tut, lebt dein Erbarmen.

Die Erde braucht Menschen mit freundlichem Herz,
mit offenen Augen und Ohren,
    die sich auch nicht scheuen vor Elend und Schmerz,
    die Abscheu und Ekel verloren.

Mit ihnen, Gott, wirst du die Erde erneuern,
mit ihnen, Gott, baust du dein Eden.
    So lasst uns noch weitere Menschen anheuern,
    die handeln, wo andere reden.

113 Vom Aufgang der Sonne

Vom Aufgang der Sonne bis spät in den Abend,
die Stunden des Tages, sie hören mein Lied.
  Ich sing Halleluja, ich freu mich des Lebens,
  denn du bist mein Gott, der mich freundlich ansieht.

Stimmt ein in den Jubel und singt Halleluja,
denn Gott hat sich in unser Leben geschenkt,
  ist wie eine Mutter, so zärtlich und tröstend,
  ein Vater, der in aller Freiheit uns lenkt.

Wir wissen, Gott kümmert sich gern um die Armen,
Bedürftige finden ein offenes Ohr.
  Er bringt seine Gaben, füllt denen die Hände,
  die demütig öffnen die Herzen zuvor.

Vom Aufgang der Sonne bis spät in den Abend,
der erste und letzte Gedanke bist du.
  Du gabst uns das Leben, und mit ihm die Liebe,
  Du willst uns als Arbeiter in deiner Crew.

114   Mensch, der mit der Erde tanzt

Du Erde, komm und tanz für den,
der dich vorzeiten hat erdacht,
    der alles Leben hat gemacht,
    das wir in deinem Kosmos sehn.

Der Schöpfer, der uns leben heißt,
er hat dereinst bei sich gedacht,
    und hat, bevor er sprach, gelacht:
    Ich mach ein Licht, das nachts verreist.

Er machte sich das Beuteltier,
die Eule, die nachts lieber wacht,
    Muränen im Korallenschacht,
    die schönsten Wesen sich zur Zier.

Du Erde, komm und tanz für ihn,
der sagte, das sei doch gelacht,
    ich geb den Garten ihm zur Pacht.
    Der Mensch bekommt das sicher hin.

Doch heut klagt Gott den Menschen an:
Hast immer nur an dich gedacht.
    Hast lediglich dein Glück bewacht.
    Gibst für Profit fast alles dran.

Dir Mensch, dir fehlt der Schöpfungstanz,
der dir die Liebe neu entfacht,
    nun musst du wieder lernen sacht:
    im Einklang sein und heil und ganz.

Du Erde, komm und tanz für ihn,
mit allem Sein, das Gott gemacht,
und auch mit dir, du Mensch, hab acht
    denn was du hast, ist nur geliehn.
    Doch wenn du tanzt, wird alles blühn.

115 Gott und die Götter

Es geht nicht um uns, Gott, das meinen wir immer,
du selbst stehst im Mittelpunkt, du unser Freund.
Drum öffnen wir dir unsere Herzen und Seelen,
du hast uns in deiner Gemeinde vereint.

Die Menschen, sie dienen heut zahlreichen Göttern,
sie huldigen Mammon, dem gierigen Geld.
Sie wollen das Leben, die Habe versichern,
versuchen zu halten, was bei ihnen zählt.

Vergöttern die Jugend und kaufen Gesundheit und
schotten sich ab von dem Elend der Welt.
Sie haben verdrängt, dass ihr Leben geschenkt ist,
dass über der Erde ein göttliches Zelt.

Die Götzen, sie können doch alle nicht helfen,
zu sichern, zu schützen, was wesentlich ist:
Die Freude, die Liebe, die Hoffnung, der Glaube
an den, der uns hilft, der uns niemals vergisst.

116 Stricke, die den Tod bedeuten

Stricke, die den Tod bedeuten,
legen sich um meinen Hals.
Fühle in der offnen Wunde
feuchtes Blut und frisches Salz.

In der Not, in meinem Kummer
Steck ich viel zu lang schon fest.
Bin gefallen wie ein Küken,
aus dem warmen hohen Nest.

Bin am Ende meiner Weisheit,
meines Muts und meiner Kraft.
Ganz vertrocknet ist mein Blut,
wie Pulver ist mein Lebenssaft.

Ich vermag das Licht am Ende
dieses Tunnels nicht zu sehn.
Doch ich rufe, Gott, zu Dir:
Hör doch mein Beten, hör mein Flehn!

Damit werd ich langsam ruhiger.
Tritt Gelassenheit ins Herz?
Ich versuche zu vertrauen,
dass du linderst meinen Schmerz.

117 Faden im Schöpfungsteppich

Halleluja! Singt dem Schöpfer
eure Freude, euer Lob!
Ihm, der euren Lebensfaden
in den Schöpfungsteppich wob!

Gott ist Vater, Gott ist Mutter,
sorgt für unser Wohlergehn
auf dem Weg durch dieses Leben,
auch wenn wir's nicht ganz verstehn.

Halleluja! Singt dem Schöpfer
eure Freude, euer Lob!
Ihm, der euren Lebensfaden
in den Schöpfungsteppich wob!

118 Stein, den die Bauleute verwarfen

Der Stein, den die Bauleute achtlos verwarfen,
Gott nimmt ihn und macht ihn zum Fundament.
　　Auch wenn wir uns wenig verständig erweisen,
　　Gott öffnet uns Blicke auf seinen Advent.

Sein Kommen will unsere Wege erlösen.
Er nimmt uns und stellt uns auf weiten Raum.
　　Und warn wir auch Fremde, er nimmt uns und
　　　　　　　　　　　　　　　　pflanzt uns
　　als Zweige in seinen Lebensbaum.

So kommt es, dass alle, die suchen, auch finden,
denn Gott will für alle die Zuflucht sein.
　　So öffnet die Herzen, ihr werdet es sehen,
　　Gott lädt seine Kinder nach Hause ein.

119 Meines Fußes Leuchte

Dein Wort ist meines Fußes Leuchte
und ein Licht auf meinem Weg.
Was ich in schweren Zeiten bräuchte,
ist deiner Hilfe Privileg.

Wenn ich in deinen Worten lese,
dann geht mir meine Welt neu auf.
Wenn ich mit mir, mit andern böse,
mit deiner Weisung geht's bergauf.

Ich seh die Welt durch deine Brille,
wenn ich in deine Schriften schau.
Und so erschließt sich mir dein Wille,
weil ich auf deine Botschaft bau.

Die Offenbarung deiner Bibel
erklärt mich zum geliebten Kind.
Sie weckt den Glauben, deine Fibel,
ich lern dir zu vertrauen blind.

Selbst wenn mir dies Vertrau'n entfleuchte
und ich fänd weder Weg noch Steg:
Dein Wort wär meines Fußes Leuchte.
Es ist ein Licht auf meinem Weg.

120 Sie ziehen mich in den Dreck

Ich möchte gern in Frieden leben.
Sie drängen sehr auf Krieg.
 Ich will nach einem Ausgleich streben,
 sie kämpfen bis zum Sieg.

Mit Lügen gehn sie schamlos vor
und ziehn mich in den Dreck;
 betrügen, machen mich zum Tor,
 zerrn mich aus dem Versteck.

Mein Gott, in meiner großen Not,
da wend ich mich an dich.
 Bring den Konflikt wieder ins Lot,
 komm her und rette mich.

Zwing doch die Spötter in die Knie,
Verleumder bring zum Schweigen.
 Was sie auch tun, ich lass dich nie,
 ich bin und bleib dein eigen.

121 Wir alle sind Pilger

Mein Blick geht zu den Bergen hoch,
wo kommt mir Hilfe her?
    Ich weiß, sie kommt von meinem Gott,
    er sieht auf mein Begehr.

Gott ist der Schöpfer dieser Welt,
hält uns in seiner Hand.
    Der Himmel birgt uns wie ein Zelt,
    wo wir auch sind im Land.

Wir alle gehn als Pilger hier
und suchen gute Wege.
    Wir stehen im Gebet zu Dir,
    du zeigst uns feste Stege.

Gemeinsam rufen wir zu dir
im Gehen und im Kommen.
    Behüt uns dort, behüt uns hier,
    die Zweifler und die Frommen.

122 Teilen in Gemeinschaft

Als Pilger haben wir die Zeit
gemeinsam hier verbracht.
    Was haben wir geweint, gelacht,
    erzählt, gesungen Tag und Nacht,
    gebetet himmelweit.

Wir gaben uns ein gut Geleit.
Wir gaben auf uns acht.
    Denn eine hat viel mitgemacht,
    bei einem andren hat's gekracht.
    Wir lebten Achtsamkeit.

Wir sahen Gottes Herrlichkeit,
erlebten seine Macht
    in aller Schönheit, aller Pracht.
    Er hat uns liebevoll bewacht
    und gab uns Sicherheit.

Das Teilen, die Gemeinsamkeit,
sie haben uns ganz sacht
    Gelassenheit und Mut gebracht,
    das Herzensfeuer neu entfacht.
Zu gehen wird's nun Zeit.
Sein Segen uns geleit!

123 Nicht Sklaven, sondern Freunde

Einst fühlten wir
wie Sklaven schier,
wir sahen ihn als Herrn.

Wir waren Gott nur untertan,
wir beteten ihn einfach an,
auch ohne zu verstehen.

Was dann geschah,
Gott kam uns nah,
das zeigte uns der Stern.

Gott nahm als Sohn das Menschsein an,
und die ihm folgten, Frau und Mann,
die ließ er mit sich gehen.

Er lädt uns ein,
bei sich zu sein,
er hat uns wirklich gern.

Denn er spricht uns als Freunde an,
das Sklaventum, das gibt er dran.
Wir brauchen nicht mehr flehen

um unser Wohlergehen.
Gott hat uns angesehen,
gibt, was wir brauchen, gern.

124 Wenn der Tod vorm Leben flieht

Wäre Gott nicht dagewesen,
hätten wir nicht überdauert,
    als Gemeinschaft und als Schöpfung,
    weil der Tod aufs Leben lauert.
Wenn Gott seine Hand abzieht,
wissen wir: Das Leben flieht.

Wassermassen überschwemmen
dort und hier das flache Land.
    Regen fällt als Sturzbach nieder.
    Wasser gibt's bald gegen Pfand.
Wenn Gott seine Hand abzieht,
wissen wir: Das Leben flieht.

Feuersbrünste greifen um sich,
gehn mit Stürmen Hand in Hand.
    Gute Wälder, Klimaretter,
    machen wir zu Wüstensand.
Wenn Gott seine Hand abzieht,
wissen wir: Das Leben flieht.

Wie ein Vogel aus dem Netze
fliehen kann in Gottes Hand,
    können wir die Erde retten
    gerade noch. Habt Ihr's erkannt?
Singen wir das Schöpfungslied,
dass der Tod vorm Leben flieht!

125 Ganz auf Gott vertrauen

Ein Mensch, der ganz auf Gott vertraut,
ob Riese oder Zwerg,
gleicht einem hohen Berg,
auf Felsen-Fundament gebaut.

Ein Mensch, der ganz auf Gott vertraut
im Herzen, in Gedanken,
kommt keinesfalls ins Wanken,
denn er hat Eden schon geschaut.

Du hörst mich leise, hörst mich laut,
hörst flüstern mich und schrein
und bitten: Lass mich sein
ein Mensch, der ganz auf dich vertraut.

126 Wache Träumende

Ein Träumender bin ich im Bann der Geschichte,
die du, Gott, mit mir in dein Lebensbuch schreibst.
  Ich bin noch benommen, ich kann es kaum glauben,
  bei allem, was wir uns im Leben erlauben,
  dass du eine Mutter, ein Vater uns bleibst.

Die Nacht atmet aus. Ich erwache vom Lichte
und lache ihm fröhlich entgegen, dem Tag,
  den du mir gegeben, der sich mir entfaltet,
  ich nehm ihn von dir, denn du hast ihn gestaltet.
  Nun will ich ihn leben, so gut ich vermag.

Mit Lachen, mit Freude, mit fröhlichem Liede
löst du uns die Zunge, hörst unser Gebet.
  Wir kommen und essen und singen zusammen,
  und bald schon steht unsre Gemeinschaft in Flammen,
  in Glut deines Geistes, der unter uns weht.

127 Im Traum spazieren gehen

Ein guter Schlaf ist ein Geschenk
aus unsres Gottes Händen.
  Denn seinen Segen will er auch
  des nachts an uns verschwenden.

Und wenn das Licht des Tages weicht,
dann gehn wir auf Empfang.
  Was angespannt ist, löst sich, wenn
  die Schatten werden lang.

Entwaffnend führt die Dämm'rung uns
ins große Reich der Träume.
  Und wer mit inn'ren Augen sieht,
  erschließt sich neue Räume.

So baut Gott unser Lebenshaus
am Tag und auch des nachts.
  Wenn wir im Traum spazieren gehn
  ist er da und bewacht's.

128 Hochzeit feiern

Wir wünschen Euch von Herzen Gottes Segen!
Ihr feiert heut das Glück, das Gott euch schenkt.
   Ihr betet, dass er eure Schritte lenkt,
   Geleit euch gibt auf allen euren Wegen.

Gott lässt es regnen, lässt die Sonne scheinen.
Der Weg führt euch bergab, führt euch bergauf.
   Nicht immer ist er leicht, der Lebenslauf.
   Gott sei in eurem Lachen, eurem Weinen.

Das ganze Leben lang sollt ihr erfahren,
dass unser Gott euch nie alleine lässt.
   Im Glauben und im Zweifel haltet fest:
   Sein Schutzengel ist da, euch zu bewahren.

129 Kein Zuckerschlecken

Das Leben ist kein Zuckerschlecken,
sagen uns die Alten.
  Gern würden manche je nach Laune
  schalten oder walten.

Und wer gern in Gemeinschaft lebt,
muss sich an Regeln halten.
  Doch auch in klaren Grenzen kann man
  sich ganz gut entfalten.

Gesegnet seien jene die
den Regel-Schatz verwalten.
  Besonders aber jene, die
  die zehn Gebote halten.
In denen wird – da seid gewiss –
die Liebe nicht erkalten.

130 Aus großer Tiefe

Aus großer Tiefe ruf ich, Gott, zu dir,
der Abgrund hält mich fest, hält mich gefangen,
   Geborgen sein in dir, ist mein Verlangen.
  Es ist so einsam und so dunkel hier.

Gott, höre doch mein Rufen und mein Flehen!
Befrei mich von der Schuld, die mich belastet,
   sie hat mir schon die Seele angetastet,
    wie sehn ich mich danach, dein Licht zu sehen,
   in deinem Licht mich selbst neu zu verstehen.

131 Im Arm der Mutter

Wie ein gestilltes Kind im Arm der Mutter,
so ruht mein Herz in deiner Nähe aus.
   Gelassenheit kehrt ein ins Seelenhaus.
   Und alles Dunkle weht zum Fenster raus.

Dein Wort ist meine Nahrung, ist mein Futter,
es baut mich auf; macht mich zu deinem Kind.
   Es stärkt mich, dass ich dir vertraue blind.
   Es lehrt mich, dass wir alle Pilger sind.

Der Schemel deiner Füße, Gott,
ist unser Weltall hier.
    Die Weite deiner Wohnung sprengt
    uns jegliches Verstehen.
Doch wenn wir auf ein Sandkorn, auf
die kleinste Blüte sehen,
    dann finden wir in dem Geschöpf
    ein Wohnzimmer von dir.

Das Vogelnest im Kirschbaum nehm
ich als dein Speisezimmer.
    Der Wald am Rand der Stadt, der
    mag dein Wintergarten sein.
Du lädst in jedes Gotteshaus
als gute Stube ein.
    Mein Herz ist deine Kammer, Gott,
    komm, wohn in ihm für immer!

133 Geschwisterlich leben

Es ist so gut und angenehm,
wenn wir beisammen sind.
Als Kinder Gottes pflegen wir
geschwisterlich zu leben.

Denn unsere Gemeinschaft wächst
in seinem Geist geschwind,
dass alle sich beteiligen
am Nehmen und am Geben.

Und Stück für Stück vertraun wir Gott
in unsrer Mitte blind.
Wir wachsen als die Trauben auf
an seinen guten Reben.

134 Durchwachte Nächte

Durchwachte Nächte im Gebet,
sie sind ein reicher Segen.
  Die Nacht, ein Wächter, der versteht,
  dass Gott auf leisen Sohlen geht,
  die wir nachts besser hören.

Am Tage ist der wache Geist
mit Tagewerk beschäftigt.
  Gott hat das täglich gute Werk,
  die Weinlese in seinem Berg,
  uns immer schon bekräftigt.

Doch nichts kann nächtens das Gebet
zu meinem Tröster stören.

135 Sein Gesicht in allen Dingen

Gott ist gut, was er tut,
das wollen wir besingen.
    Sein Gesicht, schön und schlicht,
    es lebt in allen Dingen.

Ich und du gehörn dazu,
der Nachbar und die Kinder,
    ob klein, ob Held, ob zahm, ob wild,
    als Mensch bist du sein Ebenbild
    und ich bin es nicht minder.

136 Freundin und Heilerin

Solang sich die Erde nicht aufhört, zu drehen,
solang wird die Zuwendung Gottes bestehen.
Vertraut auf den Tröster und auf den Erlöser,
in Gott dürft ihr Freundin und Heilerin sehen.

Gott hat den Himmel ausgespannt,
er ist uns wie ein Zelt,
wie ein Versprechen, tief und weit,
das Gott verlässlich hält.

Solang sich die Erde nicht aufhört, zu drehen,
solang wird die Zuwendung Gottes bestehen.
Vertraut auf den Tröster und auf den Erlöser,
in Gott dürft ihr Freundin und Heilerin sehen.

Gott hat die Erde gut gemacht,
mit dem, was auf ihr lebt,
was schwimmt und schwingt, was kreucht und fleucht,
was still hält, was sich regt.

Solang sich die Erde nicht aufhört, zu drehen,
solang wird die Zuwendung Gottes bestehen.
Vertraut auf den Tröster und auf den Erlöser,
in Gott dürft ihr Freundin und Heilerin sehen.

Gott hat die Menschen sich erdacht,
schuf sich sein Ebenbild,
    damit in unsrem Trösten sich
    sich sein eigner Wunsch erfüllt.

Solang sich die Erde nicht aufhört, zu drehen,
solang wird die Zuwendung Gottes bestehen.
    Vertraut auf den Tröster und auf den Erlöser,
    in Gott dürft ihr Freundin und Heilerin sehen.

137 Wir trauern mit dir, Gott

Wir trauern mit dir, Gott, wir klagen und weinen,
wir sehen das Leiden, das du nie gewollt.
Es ist unsrer Schuld und Verfehlungen Sold.
Ach würdest Du kommen, uns Menschen vereinen!
Die Erde blüht auf, wenn wir alle die deinen.
Die Welt ist dein Tempel, dein Schatz und dein Gold!

Wir sehen die vielen verhungernden Kinder
im Krieg, auf der Flucht, in den Slums dieser Welt,
beklagen die Hab- und Profitgier der reichen
Konzerne und Staaten, das Horten von Geld.

Wir pferchen die Menschen in Lagern zusammen,
verstärken die Grenzen und schüren die Angst,
verbieten die Rettung von kenternden Booten,
verachten die Menschlichkeit, die du verlangst.

Wir trauern mit dir, Gott, wir klagen und weinen,
wir sehen das Leiden, das du nie gewollt.
Es ist unsrer Schuld und Verfehlungen Sold.
Ach würdest Du kommen, uns Menschen vereinen!
Die Erde blüht auf, wenn wir alle die deinen.
Die Welt ist dein Tempel, dein Schatz und dein Gold!

In jeder Minute, da stirbt eine Tierart,
denn Menschen verseuchen das Wasser, das Land.
Wo gestern noch Wälder, da ist heute Wüste,
es scheint nichts zu ändern, dass wir das erkannt.

Wir züchten und töten Milliarden von Tieren,
wir quälen Geschöpfe für unsern Genuss.
Die Armen verhungern, um Reiche zu füttern.
Wann endlich ist mit diesen Untaten Schluss?

Wir trauern mit dir, Gott, wir klagen und weinen,
wir sehen das Leiden, das du nie gewollt.
Es ist unsrer Schuld und Verfehlungen Sold.
Ach würdest Du kommen, uns Menschen vereinen!
Die Erde blüht auf, wenn wir alle die deinen.
Die Welt ist dein Tempel, dein Schatz und dein Gold!

138 Du umspannst die großen Weiten

Lieder möchte ich dir singen,
spielen schöne Melodien.
Meinen Dank will ich dir bringen,
tanzen dir zum Tamburin.

Du bist es, der meiner Seele,
neuen Mut gibt, neue Kraft.
Daher kommt aus meiner Kehle
dieses Lied mit Leidenschaft.

Du umspannst die großen Weiten
weltlicher Unendlichkeit.
Dennoch willst du uns begleiten,
findest für uns Menschen Zeit.

Lieder möchte ich dir singen,
spielen schöne Melodien.
Du hast mir vor allen Dingen
Glück im Überfluss verliehn,
hast mir meine Schuld verziehn.

139 Du weißt meine Wege

Du, mein Gott, bist hinter mir,
hältst mir den Rücken frei,
  du bist vor mir, guter Gott,
  dass ich behütet sei.
Du, mein Gott, bist unter mir,
du bist mein fester Grund.
Du bist über mir, mein Gott,
und du hältst deinen Bund.

Du hast mich erforscht, erkannt,
und du kennst mich genau.
Du weißt meine Wege und du
siehst, wohin ich schau.

Ob ich sitze, ob ich stehe,
weine oder lache,
  du bist da und bist mir nahe,
  schlaf ich oder wache.

Du, mein Gott, bist hinter mir,
hältst mir den Rücken frei,
  du bist vor mir, guter Gott,
  dass ich behütet sei.
Du, mein Gott, bist unter mir,
du bist mein fester Grund.
  Du bist über mir, mein Gott,
  und du hältst deinen Bund.

Wollt ich mit der Morgenröte
laufen, vor dir fliehen,
  hast du schon die Hand geöffnet,
  hast mir schon verziehen.

Wollt ich mich in tiefster Nacht
verkriechen und verstecken,
weiß ich doch, du würdest mir
erneut den Morgen wecken.

Du, mein Gott, bist hinter mir,
hältst mir den Rücken frei,
du bist vor mir, guter Gott,
dass ich behütet sei.
Du, mein Gott, bist unter mir,
du bist mein fester Grund.
Du bist über mir, mein Gott,
und du hältst deinen Bund.

Noch bevor ich ein Wort sage,
eh mein Geist es fasst,
weiß ich schon im Herzen, dass du
mich verstanden hast.

Weil du mir ein guter Gott bist
hab ich keine Angst,
weiß ich doch, dass du niemals
zu viel von mir verlangst.

Du, mein Gott, bist hinter mir,
hältst mir den Rücken frei,
du bist vor mir, guter Gott,
dass ich behütet sei.
Du, mein Gott, bist unter mir,
du bist mein fester Grund.
Du bist über mir, mein Gott,
und du hältst deinen Bund.

140 Lass meinen Fuß nicht gleiten

Rette mich vor bösen Menschen,
die mir Fallen stellen wollen.
  Hol den Fuß mir aus den Schlingen,
  die zu Fall mich bringen sollen.

Gott, lass meinen Fuß nicht gleiten,
führ mich auf dem schmalen Steg,
  dass ich durch die enge Pforte
  geh; nicht auf dem breiten Weg.

Ich verspreche dir, ich will mich
ferne halten von den Bösen.
  Will an dein Gebot mich halten.
  Du bist da, wirst mich erlösen.

141 Wenn der Lästerschalk mich plagt

Vor die Türen meiner Lippen
stell du einen Posten hin,
    dass ich aufmerksamer bin
    beim Steuern durch verbale Klippen.

Meinem Mund gib eine Wache,
die das Lästern mir versagt,
    wenn der Lästerschalk mich plagt,
    wenn es in mir ruft nach Rache.

Ein guter Ruf ist schnell erledigt
und wird durch den Dreck gezogen.
    Lass uns reden ausgewogen,
    segne uns mit guter Predigt.

142 Bring deinen Trost zu mir

Aus voller Kehle rufe ich,
laut schreie ich zu dir.
    Lass mich nicht hängen, Tröster du,
    bring deinen Trost zu mir.

Such mich in meinem Dunkel auf
und sprenge mein Gefängnis.
    So neige doch dein Ohr zu mir,
    beende die Bedrängnis.

So viele Male hast du schon
den Ausweg mir gezeigt.
    Du bist, darauf vertraue ich,
    mir immer noch geneigt.

143 Lockt mich Dunkles

Wolltest du mich richten, Gott,
du hättest alles Recht dazu.
    Führtest du mich zum Schafott,
    es wäre aus mit mir im Nu.
Dein Licht deckt alles Dunkle auf.
Es zeigt sich auch in mir zu Hauf.

    Sieh mich wieder freundlich an
    und lasse es mich spüren.
Lockt mich Dunkles dann und wann,
soll es mich nicht verführen.
    Ich nehme Umwege in Kauf,
    denn ich verlasse mich darauf:
    Er führt zu dir, mein Lebenslauf.

144 Wo andere wüten

Ich möchte froh durchs Leben gehn
und gerne glücklich lachen.
    Denn Miesepeter gibt's genug.
    Ich werd aus Schaden lieber klug,
will Freude uns entfachen,
uns Starken und uns Schwachen,
will mit euch auf das Gute sehn.

    Gott bietet seinen Schutz uns an,
    er will uns gern behüten.
Das Leben ist oft unwägbar,
der Weg nicht immer hell und klar.
    Und dort, wo andre wüten,
    schau ich auf Gottes Blüten,
    ich lass das Gute an mich ran.

145 Wir öffnen die Fäuste

Wir loben und preisen den Vater des Lebens,
den Schöpfer der Erde, den niemand ergründet,
    der trotz seiner Größe sich mit uns verbündet,
    uns teil gibt an allem, was lebt und was webt.

Wir singen und segnen die Mutter des Gebens.
Wir säen und ernten, sie gibt das Gedeihen.
    Sie will uns zum Geben, zum Teilen befreien.
    Wir öffnen die Fäuste, die Welt überlebt.

146 Wir lassen dich nicht los

Wir halten uns an dich, du Gott des Lebens.
Wir singen unsre Lieder dir zu Freude.
Wir lassen dich nicht los, auch nicht im Leide.
Wenn wir dich brauchen, schrein wir nicht vergebens.

Gefangene holst du aus dem Gefängnis,
Geächtete, sie finden bei dir Recht.
Du nimmst dich derer an, die in Bedrängnis,
und schwer Bedrückte bringst du gut zurecht.

Die Blinden führst du in ein neues Sehen,
den Tauben richtest du die Ohren aus.
Verstockte finden bei dir ins Verstehen,
die Ängstlichen führst du aus ihrem Haus.

Verkrümmten richtest du den krummen Rücken
und Eingeknickten hilfst du wieder auf.
Aus Liebe, guter Gott, aus freien Stücken,
da nimmst du unsre Schwachheiten in Kauf
und führst uns deinen guten Weg hinauf.

147 Leben, nicht zu knapp

Gott schickt sein Wort zur Erde,
sein Atem sinkt herab.
Sobald erschallt „es werde",
kommt Leben, nicht zu knapp.

Die Welt fängt an zu blühen,
wenn Gott sein Lächeln schenkt.
Die Sonne darf uns glühen,
weil er die Dinge lenkt.

Und er setzt auch die Sterne,
nur er kennt ihre Zahl.
Er setzt die Lichter gerne
in seinen Himmelssaal.

Auf Erden lässt er grünen
die Wiesen und den Wald.
Auf Jahreszeiten-Bühnen
sein Schöpfungswort erschallt.

Ja, Gott hilft Mensch und Tieren,
er macht uns alle satt.
    Doch weil wir Gott verlieren,
    geht hier nicht alles glatt.

Drum singen wir ihm Lieder,
und spielen ihm Musik.
    Und beten, komm doch wieder,
    befriede allen Krieg,
    das Gute führ zum Sieg!

148 Kosmos-Melodie

Lobt den Schöpfer, Himmelswesen,
singt ihm euer Morgenlied.
    Sonne, Sterne, ihr Planeten,
    tanzt ihm, Mond und Satellit.

Unsichtbare Engelwesen,
die das Schöpfungslied ihr singt,
    stärkt die Kosmos-Melodien,
    dass es bis zur Erde klingt.

Kommt ihr irdischen Geschöpfe,
lauscht der feinen Symphonie.
    Steine, Pflanzen, Tiere, Menschen,
    voller Ehrfurcht beugt die Knie,
    werdet Teil der Harmonie.

149 Tanzt im Kreis und jubelt

Spielt und singt ihr Glaubenden, ihr Frommen,
die gemeinschaftlich zusammenkommen.
  Tanzt im Kreis und jubelt seinen Namen.
  Wunderbar ist unser Tröster. Amen.

Er führt dem, der im Dunkel ist,
den neuen Tag herauf.
  Gott schließt, wenn du gefangen bist,
  dir das Gefängnis auf.

Gebeugte und Gekrümmte, die
mit sorgenvollen Mienen,
  vor denen geht Gott in die Knie,
  denn er will ihnen dienen.

Spielt und singt ihr Glaubenden, ihr Frommen,
die gemeinschaftlich zusammenkommen.
  Tanzt im Kreis und jubelt seinen Namen.
  Wunderbar ist der Erhalter. Amen.

Er lässt es grünen, lässt es blühen,
wachsen und gedeihen,
  Gott will, dass wir in Liebe glühen,
  lernen, zu verzeihen.

>

Und wer für sich in Anspruch nimmt,
zu führen und zu leiten,
    der lass, damit die Liebe stimmt,
    sich gern durch Gott begleiten.

Spielt und singt ihr Glaubenden, ihr Frommen,
die gemeinschaftlich zusammenkommen.
    Tanzt im Kreis und jubelt seinen Namen.
    Wunderbar ist unser Schöpfer. Amen.

150 Lobt Gott in seinem Heiligtum

Lobt Gott im großen Heiligtum,
das sich der Schöpfer baut,
lobt ihn, dass er mit Wohlwollen
auf seine Erde schaut.
Gott schuf das Universum gut.
Er ist es, der uns Gutes tut.

Lobt Gott, stimmt eure Lieder an,
nehmt eure Instrumente.
Und schafft in eurem Gottesdienst
ein frohes Ambiente.
Gott schuf das Universum gut.
Er ist es, der uns Gutes tut.

Und wer nicht spieln, nicht singen kann,
kann träumen, lachen, beten,
bis dahin, dass, was Atem hat,
dem Lob ist beigetreten.
Gott schuf das Universum gut.
Er ist es, der uns Gutes tut.

Inhaltsverzeichnis

Thomas Damm
Bleiben, um sich zu verändern
Photo-Gedichte zur *Wochenwende*
Berlin 2018 | 56 S. | ISBN 978-3-86575-081-5 | 15,00 €